引っぱらないリーダーが強いチームをつくる

部下の心をつかむ15のルール

中村伸一 地球探検隊隊長
共著 三浦花子 スタッフ育成トレーナー
中山マコト ビジネス書作家

現代書林

はじめに

リーダーがメンバーを引っぱり、リーダーの意志がチームに届き、よい成績を上げ、高い評価を得る。

かつては、それがスタンダードでした。〝伝説のチーム〟と書籍やドラマで取り上げられるリーダーはそのような人物でしたね。

誰もが引っぱるリーダーを目指して自分を磨きました。

みんな、引っぱってくれるリーダーについていきました。

そのことに、疑いすら抱きませんでした。

どうも、その形が変わってきているように思えるのです。

もちろん有能なリーダーが必要であることは変わらないと思います。

が、その**リーダーに求められる姿というか、リーダーの「あり方」が変わってきて**

いるような気がするんです。

ここに2人の男女が居ます。

「地球探検隊」という〝旅行ブランド〟を牽引する中村隊長と、元グローバルダイニングの腕利き店長で、今はフリーのスタッフトレーナーとして活躍する三浦花子さんです。この2人はそれぞれの仕事の場において、間違いなくリーダーです。

中村隊長の場合は、旅に出るメンバー＝チームに同行し、旅を盛り上げ、全員が旅を満喫・堪能できるように気を配り、目を配り、人生最高の旅を作りあげるべく動きます。

もちろん主宰者の代表でそこにいるわけですから、意思決定とか判断に関しては明らかにリーダーの立場です。

が、添乗員のように、参加者の面倒をみるようなことはしません。

どちらかというと、**上に立つのではなく、参加者と同じ位置、同じ横並びの位置に**

いて、参加者と同じ景色を見ています。

つまり、参加者の視点で旅をとらえ、参加者を見守っているんです。

三浦花子さんは、社員やアルバイトなどのスタッフを任せられると、そのスタッフの能力を最大限に発揮させるように指導し、動きます。

が、そこで「手取り足取り指導する」ということはしません。

かといって、「率先して自らがすべてをやって見せるか？」というとそうでもない。

実に不思議な……というか、ユニークなスタンスなのです。

どうユニークかというと、**メンバーの動きを「後ろ」から、そして少し距離を置いた場所から見守っている。スタッフの内面により肉薄しようとします。**

このことによって彼女が率いるチームは素晴らしい成果を上げ、結果、三浦花子さんは凄腕の店長になりました。

自己紹介が遅くなりました。はじめまして、マーケターの中山マコトです。

実は畑違いのこのお二人を引き合わせたのは僕なんです。

お二人は業界も立場も違うし、性別も年齢も性格も違いますが、チームのまとめ方が抜群に面白くて、共通項がいくつもありました。

多くの人がリーダーシップに悩むなか、しなやかにチームを創り上げる2人が出会ったら何か起こるんじゃないか。

そんなワクワクする思いで、お二人を引き合わせたのです。

そして互いをリスペクトし合い、仲良くなり、トントン拍子で、共著の本を書くことになりました。

これまでになかった、ユニークなチームづくりの本ができるだろうという閃きは、とんとん拍子で進み、こうして一冊の本に結実しました。

2019年4月

中山 マコト

Part 2 中村隊長に学ぶ、横並びリーダーシップ ～中村伸一

Part 3 花子店長に学ぶ、後方支援リーダーシップ ～三浦花子

Part 1

リーダーがチームを引っぱる時代は終わった……

中山マコト

リーダーのあり方が変わってきている

１９８０年から施行されたゆとり教育。そしてインターネット。

この２つがリーダー像を明らかに変えました！


ゆとり教育を経た人達は、かつてのスパルタを知りません。

つまりは「上からビシビシ言われ、やらされること」への耐性が弱い。というか、そもそもスパルタを知りません。

ですから、**無理にスパルタで接しても、折れたり壊れたりするだけ**です。

ここでゆとり教育の是非を論じるつもりはありませんし、論じても仕方がない。

ですが**確実に、「スパルタの効力」は落ちてきています。**

明らかに時代が変わったのです。

加えてインターネットです。

ゲームも含めたネット世界の中で、人は人同士の、リアルな関係性とか明快な上下関係から遠ざかっています。

言ってしまえば、**指示されることに慣れていない**。

生の人間同士の付き合い、せめぎ合い、関係性に対し、かなり無頓着だし、知らない。

すべてを自分の、自分なりの判断で、やり方で進んでいくことに親しんでいる。

おそらくですが、**旧来のスパルタ式や、フォローミーとばかりにメンバーを率いていく、率先垂範のやり方が通じなくなっている**と感じている方は、この読者の方にも多いのではないかと思います。

旅から誕生した「感察型リーダー」

そこで、中村隊長と三浦花子さん、ここからは彼女への敬称である花子店長と呼びますが、この2人の出番だと思います。

先ほど、中村隊長は「横」にいる関係、花子店長は「後ろ」という表現をしました。

「横」とは、旅の参加者と一緒に旅を味わうスタンスです。

自らが参加者となって、旅を徹底的に楽しみ、味わう。

その中で、「メンバー個々がキチンと楽しめているか?」「旅をエンジョイできているか?」を見て感じます。

これは、いわゆる添乗員のように、参加者と正面から向き合う関係では絶対に見えてこないものです。

一緒に感じ、そして察する。

旧来の、観るだけの観察から、もっと人間関係に踏み込んだ、〝感察〟です。

『星の王子さま』の作者で知られるサン＝テグジュペリは『人間の土地』という著書でこう語っています。

「愛するということは、おたがいに顔を見あうことではなくて、いっしょに同じ方向を見ることだ」

旅の中で起こることを参加者と同じ位置で共有し、同じ目線で見ていなければ、絶対わからないものがある。

中村隊長はそこを見ようとします。感じて、察して、打つべきところは適正な手を打つ。一緒になって旅を味わい尽くす。

要は、メンバーの一員として、旅を創っていく、作り上げていくんです。

旅にはいろんな人が参加します。

隊長の率いる地球探検隊は、そもそも他とはまったく異なる旅を企画します（詳しくはPart2をご覧ください）。

なので、メンバーの多くは中村隊長に憧れ、中村隊長のファンである人が多いです。

ですから、隊長自身が楽しめる旅でないと、参加者たちは満足しないし、納得してくれない。

隊長自身が十全に楽しめ、納得してこそ、メンバーたちもその「満足・納得」というパスを受け取り、充足する。そんな構造です。

旅を楽しむことこそが、中村隊長の仕事であり役割です。

その中で、欠けているもの、過剰なもの、ズレているもの、ゆがんでいるものを見つけ手を打つ。

だからこそ、皆と同じ場所（横）にいて旅を味わうし、旅を楽しみます。

そして万一、不足があればそこをリペアします。

あるいは十分に楽しめていないメンバーがいたとしたら、中村隊長なりの楽しみ方をアドバイスします。教えます。

そうして、メンバー一人ひとりがそれぞれの感じ方で旅の楽しさを最大化できるように仕上げていく。

ひとつの調整機能でもあります。

これが地球探検隊のリーダーなんです。

感じて察して、適正な手を打つ。

「横」という意味、お判りいただけましたか？

この隊長のリーダーのあり方を、会社の組織の中でどのように実践していくかは、のちのちお伝えしていきます。

飲食店から誕生した「感察型リーダー」

さて、花子店長に目を移しましょう。

花子店長は「後ろ」にいるリーダーです。

スタッフにべったりと張り付き、行動の一部始終をチェックし、手取り足取り教えるというやり方はしません。


近くにいては見えないことが多すぎるからです。近視眼になってしまう。

一人のスタッフとの接近戦だけでは、決して全体は見えません。

スタッフというのは、全体でひとつです。全体でチームを構成しています。

複数のスタッフがそれぞれのポジションで同時に機能しなければいけません。

連続行為であり、連携行動です。

Aさんがいくら上手に接客できても、Bさんができなければ、飲食店自体の評価は下がり、それは台無しです。会社でも同じですよね。

メンバー全員がいつも同時に、何らかの機能をしていなければいけない。動いていないときにも、動かないという機能を果たさなければいけません。動きとか気配りが途絶えてはいけないんです。

個別のパーツが別々に、勝手に動いては、機械は壊れるんです。全体が最適に動いてこそ、最高の稼働が生まれる。

そういうことです。

だからこそ、花子店長は**後ろにいて全体を観ます。そしてやはり、感じて察します。**

店の空気、お客さまの気配、厨房の雰囲気、スタッフの様子。あらゆるものを感じ、察します。

全体という動きの中で「齟齬がないか？」「ズレがないか？」に目と気を配ります。

そしてその感察結果を判断材料として、手を打ちます。

そして見たこと、気づいたことをメンバー全員に伝えます。

個別のメンバーは一人ひとりでも、お客さんから見たら全員が店のスタッフ。

全員で機能してこそ心地よいし、お客さんはうれしいのです。

だからこそ花子店長はいつも後ろから、遠くから、全体としての歯車の動きを感察しています。

部下を引っぱる自信がない人におすすめの手法

このある意味、新しいタイプの「感察型リーダー」は、どうやって強いチームを作りあげて来たのでしょうか？　彼らなりの方法論があるはずです。

本書では、その2人が思う存分、明かしてくれました。

いろんな、隠れていた考え方ややり方、そしてなによりも　あり方を語ってくれました。

あなたがもし、

『リーダーを任せられたけど、リーダーシップを発揮するなんて難しい！』

とか、

『自分には強烈な個性もないし、リーダーとして引っぱるなんてできるのだろうか？』

と悩んでいるとしたら……。絶対に本書を読んでください。

あなたにもできる、いえ、あなたにしかできない、かつてなかったチームづくりの方法が手に入るはずです。

感察型リーダーは、誰よりも動く

中村隊長、花子店長。この2人は、まったく異なる個性です。

チームについての考え方も、リーダーについての思いもそれぞれ異なります。が、明らかに似た部分、共通した部分もあります。

その最大の共通点が……『よく動く』という点です。

中村隊長は普段の生活から、実にアグレッシブです。言い換えると、「面倒見がよい」んです。

面倒見がよいためにはどうあるべきか？

答えは簡単！　自ら動くことです。

動かなければ感じることはできないし、気づく（察する）こともできません。

そのために、尋常じゃない動きをします。

言い換えると、**感じ、見える距離、位置を、いつも確保している、**ということになります。

相手＝旅の参加者の方から何かを言ってくる前に、自らが気づこうとする。見ようとします。

だからこそ……動くんです。

動いて動いて動きまくるからこそ、初めて見えることもあるし、気づくこともあります。

たとえていえば、「衝立の向こうで、柱の向こうで、何が起こっているか？」は、自らが衝立や柱の向こうに足を運ばなければ見えません。

そしてその、「見えない」ということが、結果として大きな問題につながる場合がある。

だから隊長は、いつも動き、目配りをし、そこで起こっていること、起こりそうなことに神経をとがらせます。

これはすべて、「楽しく意義ある、価値ある旅」を成立させるためです。

感察型リーダーは、みんなの話を聞き、動きを見ている

ただこの動きは、いわゆる旧来のリーダーとしての動きとは少し異なります。リーダーというよりも、「気になるから動いてしまう！」という、どちらかというと、心配性、小心者からくる動きかもしれません。

つまり……情報収集です。

情報を得るために、隊長はいつも動く。耳をそばだてて、みんなの話を聞いているし、みんなの動きを見ています。

見て、聞いているからこそ情報が入ってきます。

そして、自ら直接情報を手に入れるからこそ、適正な判断ができます。それが、適正な打ち手につながり、結果、よい旅ができあがる。

そんなメカニズムです。

感察型リーダーは、感じて、察する位置にいる

さて、一方の花子店長。彼女もまた実によく動きます。

東京は自由が丘のイタリアンレストラン「カフェ ラ・ボエム」の店長を花子さんが拝命していた頃。

その店には玄関横にテラス席があります。このテラス席はいわゆる「屋外」にある席です。

ですから地元のママ達が多く利用します。

小さな赤ちゃんが仮に泣きだしても、屋外ならばさほど周りに気をつかわなくてもOK。そんな意識が働くのでしょうね。

で、結果、テラス席には常連さんが多くなります。

この店は2階フロアもある、そこそこ大きな店で、店内全体を把握しようとすると

結構大変。

ある日、テラスで地元のママ達と楽しそうに語らっている花子店長の姿がありました。

で、私がちょっと目を離した直後、ふと見ると、花子店長が2階から降りてくるんです。

「いつ上がった?」

「いつ移動した?」

ほんの一瞬のことです。まるでテレポーテーションでも使ったかのような瞬間移動芸でした。

かと思うと、2階にいたはずの花子店長が、突然、調理場横のスタッフ用ドアから出てきたこともありました。

本当にいつ移動したんだろう?　未だに謎のままです。

が、とにかく彼女は、何か気になることがあると……動く。

その目で確認しないと収まらないから……動く。

まさに、**感じて察する位置にいつもいる**んです。

彼女の一日の移動距離、万歩計で測れば一体どのくらいの歩数になるのか？

想像もつきません。

感察型リーダーは、正しい情報を自分で手に入れる

それからもうひとつ。こんなこともありました。

アルバイトスタッフがお客さんに料理の説明をしています。

とりたてて難しい料理ではないでしょうが、アルバイトスタッフは、少し苦戦をしているようです。

が、お客さんとの雰囲気は和気あいあい。決して険悪でも何でもありません。

で、ふと気づくと、花子店長が少し離れた場所から、その様子をじっと見つめてい

ます。まさに感じて察することができる、絶妙な距離です。

そしてアルバイトスタッフの説明が終わり、お客さんが納得した顔をしてくれた瞬間、見届けた花子店長はすっといなくなります。

「よし！　大丈夫！」ということなのでしょう。

で、同じような場面でも、お客さんが納得していないケースもあります。

その場合、花子店長は、その場に割り込みます。割って入って、アルバイトスタッフの代わりに説明をします。

トラブルの芽を未然に摘み取るわけです。感察の極みですね。

もちろんアルバイトスタッフは、「仕事をとられた！」と、いい気持ちがしないかもしれません。

が、それに関してはキチンとスタッフにケア&フォローをします。でも、自分がやるべきところは動く。

ここが花子店長の、動きの理由です。

動かなければ、動き続けていなければ、店内の様子を子細に把握することなど決してできません。

感察型リーダーは、動くことを止めない

さて、いかがですか？

中村隊長も花子店長も、とにかくよく動く。感じて察するために……動く。

そこに共通項があり、そしてそれは、『情報を得る』ためのようです。

正しい情報を自らの動きで手に入れる。そしてその正しい情報によって、適正な手を打つ。これ……管制塔です。

管制塔として全体を見ているからこそなせる業。

リーダーは動くことを厭《いと》うてはいけないんです。

自分を言葉にする「隊長の25カ条」

さて、次に2人の内面に目を向けてみましょう。

面白いことに、2人とも、自分の信条というか、こだわりを明文化しています。

地球探検隊の旅のコンセプトは次の通りで、これは中村隊長の生きざまそのものです。

地球探検隊のホームページに、ドーンと書かれています。

【地球探検隊 旅のコンセプト25カ条】

1 連れて行かれる「旅行」ではなくて、主体的・自主的な自己責任の伴う「旅」

2 環境や誰かのせいにしない旅

3 スタッフは添乗員でもガイドでも通訳でもなく、仲間として参加する旅
4 最も大切にしているのは『感情共有』隊員たちと共に感動する旅
5 次に何が起こるかわからない旅
6 参加者が互いに尊重し、信頼し、協調性のある旅
7 個人の能力を引き出す、達成感のある旅
8 思いっきり笑えて泣ける、カッコつけない、素の自分を出せる旅
9 ありのままを受け入れ、肯定する旅
10 共通の意識、危機感を持った旅
11 参加者が創り上げていく旅
12 人の話をよく聴き、よく語る旅
13 本当に大切なことを探す旅
14 気づきのある成長できる旅
15 感性を磨き、小さなことにも感動できる旅
16 生涯の友に出会える旅

17 童心にかえる旅
18 人生を変えるきっかけとなる旅
19 夢を実現できる旅
20 人生の師を見つける旅
21 本当の自分を見つける旅
22 日本人として誇りに思える旅
23 友達に自慢したくなる旅
24 旅が終わってから、始まる旅
25 あなたの日常を変える旅……

旅は生き物です。

仮に同じ場所に行っても、ふたつとして同じ旅はありません。毎回違うし、参加者の期待値もそれぞれ異なります。

つまりは、温度差がある。

これが高じると、「思っていたのと違った！」とか「こんなはずではなかった！」というトラブルが生じます。

で、そうなってから、「いえ、それはこうで……」と説明しても、なかなか納得はしてもらえないし、ましてやそれが旅先でのことだとしたら、旅そのものが崩壊してしまいかねません。

だからこそ、この**「自分を言葉にする」**というのが重要なんです。

あらかじめ、こうやって自分の思いやこだわり、ゆずれない部分を文章化しておくことで、「言った言わない」「聞いた聞いてない」とか「勝手な思い違い」を排除することができます。

しかも、読んだうえで納得してくれる人だけが原則、参加してくれるので、トラブルになりにくい。

この**「あらかじめハッキリと伝えておく！」というのがとても重要**なんですね。

どうでしょう。あなたの部署やチームでも、できそうだと思いませんか？

ありたい自分を言葉にする「花子店長の10則」

花子店長も同様に、自らの思いを文章化しています。

【三浦花子流：店長10則】

1 ビジョンを掲げること
2 決断できること
3 矢面に立てること
4 裏表がないこと
5 謝れること
6 ブレないこと
7 人の話を聞けること
8 人の長所を見つけてそれを活かせること

9 人ではなくコトに対して怒れること
10 厳しい状況で誰よりも頑張れること

花子店長の10則はお客さんに見せるものではありません。自分自身に向けたものです。

「こういう店長でありたいんだ」「こんなリーダーを目指しているんだ」と、自分を鼓舞する意味があります。

この10カ条は明文化されていることが重要です。

何かの判断に迷ったとき、この10則に振り返れば、自分が採るべき選択肢がおのずと見えてきます。つまり、花子店長流の「リーダーの原則」ですね。

また、リーダー候補との面談時に、花子店長はこの10則を伝えています。

リーダーを務める際に「ありたい自分像」を決めておくことにより、ブレない、強いチームを作れるのです。

さて、２人の特徴と信条についてみてきました。

次章からは、中村隊長、花子店長に、具体的な考え方やこだわりを、お二人の言葉で語っていただきましょう。

それぞれタイプの異なる、でも実はよく似たお二人の「あり方」と「やり方」から、あなたなりのリーダー像を見つけてください。

Part 2

中村隊長に学ぶ、横並びリーダーシップ

中村伸一

仕事も旅も、人を成長させるためにある

中村伸一こと、中村隊長です（笑）。

普通なら「中村隊長こと、中村伸一です！」と名乗るところですが、俺の場合は逆。

みんなが呼んでくれる中村隊長が今や本名のような位置づけになっています。

そして終始一貫、自分のことを「俺」と呼んできました。以降、俺でいかせてください。


さて、突然ですが、みなさんは、旅は好きですか？

世の中にはたくさんの旅行会社があり、いくつもの旅行商品を販売しています。

俺も1983年に旅行会社で国際体験プログラムを担当してから、たくさんの旅にかかわってきました。

これまでに渡航した国は60カ国以上。

自分で旅行会社を興すくらい、旅が大好きだし、旅のすばらしさを多くの方に伝えたいと思っています。

俺が地球探検隊を始めたのは1996年のこと。

地球探検隊では世界で唯一、「人生を変える感動の旅」を扱います。

「人生を変えるなんて大げさな……」と思う人もいるかもしれません。

でも、本当なんですよ。

考え、判断し、行動する、主体的で能動的なものが旅

俺は、わずか1週間から10日間の旅を通して、めきめきと成長した人を何人も見てきました。

旅の経験がきっかけで天職と思える仕事を見つけた人もいますし、地球探検隊で結婚相手が見つかり、子どもを授かった人たちもいます。

彼らは文字通り、旅で人生が変わったわけです。

そう、**旅は明らかに人生を変え、人を成長させる**んです。

旅行と「旅」は、まったく違うものだと、俺は思っています。

いわゆるパッケージツアーは旅行です。

集合時間に添乗員と合流するところから始まって、現地での移動や訪問先、滞在時間、立ち寄る土産物屋やレストラン、場合によってはメニューまで決まっていますよ

ね。そんな風に、「誰かに連れて行ってもらう受け身的なもの」。それが旅行です。

参加者はスケジュール通りに動けばよく、何かあれば添乗員がサポートするので楽ちんですが、すべてが予定調和でもあります。

ですが、地球探検隊が扱うのは旅行ではなく、「旅」です。

旅とは、「自分で考え、判断し、行動する、主体的で能動的なもの」だと思っています。その結果の感動です。

何が起きるかわからないから、仕事も旅も面白い

あらかじめ決まっているのはオーロラ観賞やモンゴル乗馬体験といった旅の主目的と大まかなスケジュールくらいで、それ以外は参加者である隊員の話し合いで決まります。

同じ場所に行ったとしても、隊員が変われば選択肢も変わりますから、万事が予定不調和。

想定外の出来事や突発的な事態も起こります。

でも、それが旅の醍醐味。

予定不調和の先に、言葉にできないくらいの感動が待っているんです。

人生も同じですよね？　何歳で結婚して、何歳で病気になって、何歳で死ぬなんて、先のことがすべてわかってしまったら、つまらないですよね。

人生も仕事も旅も、先のことがわからないから、ワクワクするのだと思います。

旅は、どこへ行くかよりも、誰と行くか

旅を充実させるために大切なのは「どこへ行くかよりも、誰と行くか」。

俺は、**旅の参加者はゲストではなく、メンバー＝隊員**だと考えています。

つまり、お客さま御一行様ではなく、同じ旅をするチームです。

先ずはそこからスタートします。

実際、何もかも同行する添乗員の責任にする旅行よりも、自己責任の旅の方が、怪我や病気、事故も少ないのです。

旅行には添乗員が同行しますが、地球探検隊の旅では俺自身やスタッフが同行します。

添乗員のように現地案内や各種交渉、クレーム対応などはしません。

ともに旅する仲間の一人として参加します。

俺は隊員の安全を第一に考えるとともに、隊員のみんなに人生を変える感動を味わってもらうことに全力を尽くします。

ただし、それは個人の努力だけでできることではなく、旅の仲間である隊員みんなの協力なくして成し得ません。

個よりも、「和」を優先し、人を選ぶ

地球探検隊の隊員は、年齢も性別も職業も出身地も住んでいるところも違います。その多様性が旅先で化学反応を起こすから面白いのですが、全部がバラバラなのではなく、同じ感動を分かち合い、旅の基盤となる価値観を共有できるという共通項があります。

協力し合いながら、一緒に創り上げていく旅なので、目指しているのは、個々の奏でる音は違っても、全体として調和のとれたオーケストラのように「バラバラで一緒」です。協奏・共創の世界観が、地球探検隊の旅なんです。

当初の地球探検隊にはお客さま扱いを期待する人がいました。

たとえば、寝袋テント泊ありの旅なのに「やっぱり外では寝られないから、ホテルを手配してほしい」と言ってきた女性がいました。

参加者の要望を聞き入れる旅行会社もあるでしょうが、地球探検隊では無理なことは無理だと断ります。

面倒だからではありません。

一人のわがままのために、他の隊員に無理や我慢や犠牲を強いることができないからです。

何よりも、チームとしての協調性とか和を重視します。

それなのに、お客さま扱いされないことに腹を立てる人がいます。

旅先で機嫌を悪くしていたら、本人も楽しくないでしょうし、他の隊員にも迷惑がかかります。

ですから、そういう価値観の人には地球探検隊の旅をご遠慮いただくことにしました。

地球探検隊が「人生を変える感動の旅」という目標を叶えるためのチームだとしたら、隊員はチームとしての目標を達成するために協力し合うメンバーです。

みんなで感動を味わうために、価値観を共有できるメンバーを集めるところから始めます。

たった一人、価値観のまったく違う人が参加するだけで、旅はガラッと変わってしまいます。

チームにとって必要な仲間を集めることはリーダーの大切な仕事だと思います。

それが、旅の完成度につながるのです。

このスタートを間違うと、旅は当然楽しくもなくなり、下手すると、嫌な記憶しか残りません。それでは旅ではないんです。

ですから、よりよいメンバーを集め、参加してもらうための工夫をたくさんしてきました。

自分の役割は自分が決める。他人には決めさせない

さて、そうやって集まった仲間たちと行く地球探検隊の旅。

プログラムは体験型で、自炊をすることもあります。

梅干しなど現地で手に入らない最低限の日本の食材・出汁などは日本から持っていきますが、ほとんどの食材やお米は当然、現地調達。

メニューをどうするか、話し合うところから始まります。

買い物の予算はあらかじめ決まっていますし、買い物をする時間も制限されていますから、普段と同じように料理ができるわけではありません。

「せっかくだからご当地食材に挑戦したい」「あっさりとした料理が食べたい」「香草(パクチー)が苦手」など、いろいろな意見が出てきて、議論が紛糾することもあります。

料理好きがたくさん参加していて、スムーズに料理長が決まることもあれば、なかなか決まらないときもありました。

地球探検隊の旅では、仮に現地4泊5日の旅ならば、4人の料理長が必要になる当番制です。全旅程の料理長となると、個人の負担が大きくなるので、持ち回り制が決まりです。

なかなか立候補が現れないときは、まず俺から動きます。

たとえば、「炒め物なら普通の味と辛めの味の2品くらい、俺が作ろうか?」と提案します。

ベースとなる合わせ調味料は日本からペットボトルに入れて持参しています。少量しか使わない紹興酒、みりん、日本酒、しょうゆ、ごま油など、現地でいちいち用意してたら、大量に買って余らせることになるからです。何より繊細な味付けは食欲をそそるのです。肉の旨味を凝縮するために、片栗粉をあらかじめジップロックに入れて持参したこともあります。

重要なのは、プロの料理人のように美味しく仕上げることよりも、心を込めた家庭の味、お母さんの味に近づけられるか、なのです。

乗馬やトレッキングのように、料理づくりさえ、現地アクティビティのひとつになると考えています。


一人の手が上がると、次々と料理長に立候補する人が現れるから不思議です。自分が作った料理で喜ぶ仲間がいたら、自分の喜びに直結するはずです。旅を楽しむコツはやったもん勝ちなのです。


何とかメニューが決まったら、次は役割分担。

たとえば、12人のメンバーなら、買い出しは、朝食&昼食、夕食、酒やソフトドリンクなどの飲料担当と、大きく4人ずつの3班に分けます。

料理は野菜を切る人、お米を炊く人、料理を作る人、鍋や食器を洗う人などもいて、それぞれが自分のできることを無理なくします。

料理にしても何にしても、**自分のできる範囲で、無理なく動く**のが地球探検隊流なんです。

モンゴルの草原を馬で駆ける「無茶」はしても、お尻が痛くなったら乗馬をしないで休んでＯＫ。「無理」はしないのです。

いちばん大切にしているのは、それは誰かに言われてやりたくないのに、無理して義務感でやるか、内発的な動機でやりたいからやるかです。

無理してやりたくないのにやっていると必ず不平、不満が出てくるのです。

そこでいちばん多く出る言葉が、「私がこんなにやっているのに……」。

あとから文句を言うなら、最初からやらない方がいいのです。

こうしたことは、あなたの職場ではありませんか？

リーダーは、少し離れて、全体を見る

役割分担を決めるときは、俺は必ず、少し離れたところから見ています。**普通の話し合いのときも、白熱バトルのときも、自分から進んで仕切ることはありません。**

ただ、経験値がちょっとだけ他のメンバーよりも多いので、「この国ではこれが名物だってさ」「このお店は安いらしいよ」などの情報は提供しますが、それだけです。役割分担も隊員から先に決めてもらいます。

実は、ここだけの話ですが、リピーター隊員も多いですし、事前に隊員の職業や得意なことを聞いていますから、それをもとに役割分担表を作ってしまえば簡単なんです。

今までの経験もありますから、メニューも買い出しリストも準備できます。

そうしたら、現地では「調理師のAさんは炊飯担当」「体格がいいBさんは重い飲料の買い出し係」と指示するだけでよく、隊員が話し合いをすることも、意見対立でケンカをすることもなくなります。

リーダーは、指示をしない

だけど、それって全然楽しくないんですよ。

そもそも誰かの指示で動くのは受け身の行為で、旅ではない、旅行の発想です。

地球探検隊が提供するのはあくまでも能動的な旅。

自分が何をするかは自分で決めてもらいます。


語学が得意だけど交渉をしたくないなら、そう主張すればいい。

みんなに受け入れられればそれでいいし、みんなから「他に通訳できる人がいないから、どうしてもお願い」と頼まれるかもしれません。

それでも、**誰かの指示で決める必要はない**のです。

俺の出番は話し合いがまとまらないときと、当事者同士で解決できないときですが、
それでも「Cさんはこうしなさい」「Dさんはあきらめなさい」と指示や命令をするこ

とはありません。

関係者の言い分を確認して、妥協点や譲歩できそうなところを探ります。

一対一で話を聞いたら、そのことに満足し、機嫌が直って万事解決ってこともあります。

こんなこともありました。

なかなか料理長の立候補が現れなかったとき、料理の得意なリピーター隊員に「今回のオーロラの旅では、一晩だけ料理長をやってくれるかな?」って、打診したことがあったんですが、意外な返事が返ってきました。

「今回は、非日常を求めて旅に行くので、いつものように料理してたら日常の延長になって、旅を楽しめないと思うんです。ですから、料理は作らないつもりです」

先にも触れましたが、**本人が心からやりたいと思ってやらないと、思いは外見に現れて、空気が重くなってしまう**んです。

全体が楽しく上機嫌でいられる空間を創るために、リーダーである自分の役割があると思っていますから、「自分の心に不満を貯めないで、思いはきちんと伝えてください。重要なのは、その場で解決すること」とあらかじめ言うようにしています。

それが**単なるわがままなのかどうか見極めて、チーム全体の空気をつくっていくのがリーダーの役割**だと思います。

問題が起きそうになったら、その前に問題を摘み取る工夫をするか、問題が起きてしまったら、できるだけ、その場で解決することが重要だと考えます。

過去、問題が大きくなったのは、日本帰国後のクレームで、言った言わないで議論になったときなのです。

「風通しのよい空間を創ることって大変」と思うかもしれませんが、簡単に言ってしまえば調整役です。

一人ひとりが満足のいく旅にするには、それぞれの出番、主役になれる場面をつくることが大切だと考えていますが、そこに本人の選択意志が働いているかは、もっと

重要です。

それこそが旅のリーダーの仕事だと思うんです。そのためにこそ、隊員を見て、知ろうとします。事前情報で足りない部分は、現地で補足するしかないからです。そして意見を言う、感じたことを伝える。

結果、**誰かに指示されて行動するのではなく、仲間と意見をぶつけ、話し合い、自分で決めて行動する。**これが地球探検隊の旅です。

これって、いい仕事をするときの条件にも通じると思いませんか？

リーダーは、「ありがとう！」の弊害を知っておくべき

誰かに何かをしてもらったら「ありがとう！」と言いますよね。

とても自分にはできないようなことをしていたら「すごい！」と感嘆するし、いつも勇気ある行動をしている人がさらなる挑戦をしたと聞けば「さすが！」と称賛します。

どれも自分の内側から出る素直な気持ちの表現ですが、これらの言葉が人間関係を円滑にします。

電車で席を譲り「まあ、ありがとう」と感謝されたら気持ちがいいし、また次も譲ろうと思いますよね。あるいは、部下が作成した提案書の内容がよければ「いい資料ができたね、さすが○○さん」とほめることもあるでしょう。

でも、**「ありがとう」や「すごい」「さすが」といった言葉を言われたいがための行動は、ちょっと違うのではないか**と思います。

承認欲求は両刃の剣

「承認欲求」という言葉をご存知でしょうか。

人から認められたいと思う欲求のことです。

大なり小なり誰もが持っているものです。

小さな子どもが絵でもブロックでも親に見せるのはまさにこれで、「よくできたね」「上手！」とほめられたいから。

ＳＮＳの「いいね」の数を増やしたいと思うのも、それに近いかもしれません。

現代人は承認欲求が強くなっているといわれています。

承認欲求がよい方向に働けばよいのですが、むしろ**他人に承認を強く求める「困ったちゃん」が増えている**そうです。

地球探検隊の隊員は自立した大人ばかりですから、ありがたいと思えばお礼を言うし、すごいと思えば称賛もします。

でも、**たまにいるんですよ。**

周囲に感謝や称賛を求めてしまう人。

しかも、俺に認められることを目標にする人。

最初は旅の仲間として、お互いに気持ちよく過ごしたいから「ありがとう」「すごいね」と言っていましたが、その人だけを構っているわけにもいきません。

そうすると欲求不満が溜まっていくんでしょうね。

隊長がほめるか否かで、その人の価値が変わるわけがないのに、率先して仕事を引き受けたり、目立つ行動をしたりして、そのあげくに「こんなに貢献しているのに認められないのはおかしい」「誰よりも頑張っている自分が特別扱いされないなんて納得がいかない」などと言い出します。

こうなったら、もうアウトです。

リーダーは、部下をほめてはいけない

そういうときは、本人に「あなたのこういう行動のせいで迷惑がかかっているから、改善してほしい」と伝えます。

それが言えるのは旅のチームでは俺だけ。リーダーの仕事です。

それでも改善されない場合は（その方が多いですが）、みんながいる場で地球探検隊への出入り禁止を宣言します。出禁と言われて感情的になり「お金を払っているのになぜだ」とキレる人もいますが、そこは譲れません。

たった一人のために、仲間との旅を台無しにはできないからです。

そんなことがいろいろとあって、**最近は意図的にほめることを控えています。**

地球探検隊は各自がやりたいこと、できることをやればいいという方針。

でも、**俺が誰かの仕事ぶりをほめると、言われた人がうれしいだけでなく、言われ**

ないことを気にする人がいるようです。

それならば、なるべくほめない方がいいと思うようになりました。

無理にほめなくても、ほとんどの隊員は大人ですから、自分の役割を果たしてくれます。

俺が気にするのは、みんなが楽しんでいるかどうか。

楽しんでさえいれば、多少の失敗だって愛嬌だと思うのです。

あなたの部下にもいませんか？

あなたにほめられることを待っている「困ったちゃん」が。

リーダーは、カッコつけてはいけない

リーダーになると、ついついカッコつけたくなるものです。

みんなに慕われたいし、尊敬されたいし。でも、カッコつけるのって、カッコ悪いと思いませんか。

カッコつけるということは本来の自分よりもよく見せようと背伸びするということ。

たとえるならば、映画のセットです。

スクリーンで見ると立派な石造りの建物も、そばで見ると、押せば倒れるようなベニヤ板。薄っぺらくて中身がないんです。

上べだけを取り繕《つくろ》っても、自分自身は何も変わりません。

むしろ、表面を飾り付けることで、素の自分との落差が生まれます。

本来の姿が明らかになったときにはカッコつけた意味がないどころか、カッコつけたせいでマイナスになるかもしれません。

だから、俺は弱点も苦手なことも正直に告白します。

泣けてくるときは、旅の仲間の前で涙も流します。

「そういうのってカッコ悪い」と思う人もいるかもしれないけれど、それが俺の本来の姿なのだから、仕方ない。

カッコつけてカッコ悪くみられるよりも、何万倍もカッコいいと思います。

リーダーは、心を開け！

人間関係はお互いさまで成り立っています。

自分から心を開かなければ、相手も心を開いてくれないし、相手の本音を知りたければ、こちらも本気でぶつかっていくしかありません。

俺は旅行業界歴30年以上で、世界の仲間と旅する多国籍ツアーを多数手がけてきましたから、英語がペラペラだと思われることが多いです。

英語どころか、その他の言語もいろいろできそうに見えるらしい。

でも、ごめん。

旅先で困らない程度の会話はできますが、現地の人と交渉できるほどの語学力は持ち合わせていません。

「英語、全然話せないんだよ」

隊員には正直に言うのですが、「またまた〜、謙遜しちゃって」と信じてくれません。

でも、たまたま俺が英語で話すところを聞いた人がいて「あ、ホントに苦手だったんだ」と納得してくれたんです（笑）。それからは、もっと語学が得意な隊員が通訳や交渉を担ってくれるようになりました。

リーダーは万能である必要はありません。

できないくらいの方が、みんなが積極的に手伝ってくれるんです。

リーダーが弱音を吐くことも、弱みを見せることも、決して悪いことではないと思っています。

リーダーは、涙を見せたっていい

リーダーは弱音を吐いてもいいし、弱みを見せてもいいと話しました。俺は弱音や弱みどころか、涙までも見せます。

隊員の前でも、友人や部下の前でも、泣きます。

「大の男が涙を見せるなんて」と思う人もいるでしょうし、「リーダーは絶対に泣いてはダメだ」という信念を持つ人も多いでしょうが、泣き虫なところも含めて自分という人間だと思っています。

涙にはいろいろな種類があります。

俺の場合は感動や共感の涙を流すことが多いですね。

たとえば、焚火を囲んで、いろいろなことを語り合うとき。始めは昼間に出会ったユニークな家族連れのことや、昨晩のレストランで食べた料理の話、子どもの頃のキャンプファイヤーの思い出などを和気あいあいとおしゃべりします。が、時間が経つほどに、話題は個人の話になって、だんだんとディープになっていきます。

大好きな恋人に手ひどく振られた失恋話をする人もいますし、就職活動での悩みなどを相談する人、愛する家族との忘れがたい思い出を語る人など、いろいろです。

「まさか、そんな理由で別れたの？」

「いまどきの就活は大変だなあ」

「親父さん、きっといまごろ喜んでいると思うよ」

それぞれのスピーチに相槌を打ち、お腹を抱えて笑ったり、じわっと涙がこみあげたりして、盛り上がりは最高潮。

焚火と涙は、人の心を解きほぐす効果もあるのでしょう。

こういう仲間との優しい時間が永遠に続けばいいのにと思ってしまいます。

アクシデントやハプニングだらけの旅が終わったときも泣きました。

無事に帰国した隊員たちが別れ際に「人生最高の旅だった」「忘れられない思い出ができた」「また一緒に旅がしたい」と口々に言ってくれます。
彼らの顔を見ていると、またまた泣けてきます。
「もぉー、隊長はすぐに泣くんだから」
そう言っている隊員も目にタオルを当てていたりするんです。

リーダーが弱みを見せると、メンバーが助けてくれる

旅の仲間の前で、本来の姿を見せると、いいことがあります。

ひとつは、みんなも弱点や苦手なことを言いやすくなること。

もうひとつは、みんなが自分自身の強みや得意なことを思い出せること。

俺自身、旅の経験値こそ、みんなより少し多いけれど、決して万能ではありません。

旅の仲間に助けてもらわないといけないこともたくさんあります。


たとえば、「こう見えて、俺って高所恐怖症なんだよね」、なんて弱点を言うと、みんなが一斉に笑って、一気に場が和んだことがありました。

また、先に触れた英語の件。みんなの前で英語が得意ではないと正直に言うと、英語が得意な人が通訳係を担ってくれます。

それで旅は円滑に進むし、その人は自分が活躍したことで自信が持てます。

誰かが苦手なことが誰かの得意分野だったということはよくありますし、誰かが「これは苦手だ」「自分にはできない」と言ってくれたことで、自分のスキルが得意分野だと気づかされることもあります。

誰かが俺に代わって通訳をしたことで、「このくらいの英語力でも役に立てる」という自信に変わります。

そうやってお互いの得意分野を発揮できると、チームとしては強いです。

自分の得意分野や貢献できるパートを見つけられたら、その人はきっと生き生きと仕事に励むでしょう。

また、**お互いの得意分野を認め合い、尊重し合えればチームワークがますますよくなります。**

弱点のカミングアウトはそんな好循環の起点になり得るのです。

あなたも部下の前で、弱点をカミングアウト、してみませんか?

リーダーは、自らが楽しみ、それを表現する

「隊長がいちばん楽しんでいるよね」

そんな風に隊員から言われることが多いです。

パックツアーで添乗員が誰よりも楽しそうにしていたら、大ブーイングが起こるかもしれませんが、地球探検隊の旅では自分がいちばん楽しむことが重要だと思っています。

だって、**リーダーが楽しそうにしていないと、みんなも楽しめないでしょう。**

俺は旅の楽しさや旅する喜び、旅の感動を伝えたくて、この仕事をしています。

俺自身が楽しんでいる姿を見て「旅っていいな」と思ってくれたらうれしいです。旅の間は、俺自身が隊員の鏡になるんです。

また、地球探検隊の旅はチャレンジングなアクティビティも多い冒険の旅。

俺自らが率先して楽しんでいる姿を見せることで、隊員も安心して楽しむことができます。

しかも、「楽しいね」「楽しそうだね」と言い合うことで、ますます楽しくなれるんです。

アクティビティ以外のことも楽しむようにしています。

リーダーとしての俺がイライラして見えたり、ムスッとしていたりしたら、気になりませんか。

人によっては「何かに怒っているのかな」と思うかもしれませんし、別の人は「私たち隊員に言えないような、よくないことが起きているんじゃないか」と心配するかもしれません。

そんなことが気にかかり始めたら、隊員は旅を思い切り楽しめないでしょう。

だから**職場で、リーダーであるあなたが、いちばん楽しそうに仕事をしてほしい**んです。

部下はあなたのことをよく見ていますよ。

ニックネームで呼び合えるチームは強い

地球探検隊では事前にＳＮＳの秘密のグループで自己紹介をしてもらっています。そこでは何をどう書いても自由なのですが、みんなと仲良くなることが目的なので、なるべく趣味など、その人の人となりがわかるようなトピックスを書いてもらうようにしています。

その際に自分からニックネームを名乗る人もいます。

本人が「甲子園に行ったことがあります。〝エース〟と呼んでください」「職場では〝姐御〟と呼ばれています」と言えば、周りはそう呼ぶしかないですよね（笑）。

旅の仲間は年齢も職業もさまざまだからこそ、苗字を「さん」付けで呼び合うのではなく、**下の名前や、「エース」「姐御」などのニックネームで呼び合う方がフラットな関係性になれるし、お互いに親しみが持てる**はずです。

インパクトがあったのは「身長193センチ、体重90キロ、趣味は極真空手、黒帯で、あだ名はジャイアンです！」と書いた人。

これを読んで、どんな人物を想像しますか。

普通は背が高くて、ゴツくて、めちゃくちゃ強気な負けず嫌いの格闘家が浮かびます。

待ち合わせ場所の成田空港、搭乗ゲートに着きました。遠くからでも目立つ背の高い人が近づいてきます。

「隊長、あの人がジャイアンですか？」

あのときは、俺だけが面識がありました。

隊員たちが、「こんにちは！」と声をかけて顔を見上げたらビックリ。漫画のジャイアンとは似ても似つかない、優しそうな青年。

この意外性に満ちた出会いのおかげで、みんなと彼の距離感が一気に縮まりました。

事前に趣味や好きなモノがわかっていると、初対面の相手でも話しかけやすいもの

です。

もしも共通の趣味があれば一気に距離が縮まりますし、趣味といえないまでも、興味を持てるネタがあれば、会話のきっかけになります。

旅という短期間でチームを作るには短時間で仲良くなれる施策が必要。

あらためて職場でするのは気恥ずかしいかもしれませんが、趣味とニックネームを交えた自己紹介、おすすめです。

リーダーは、気持ちを切り替える言葉を持っている

仕事や旅では、思うようにいかないことばかりです。

リーダーのイライラして焦る気持ちや、気持ちが落ち込んでいると、そのままチーム全体に影響します。

そんなとき、これまでは友人から教わった前向きになれる言葉を使って、自分の気持ちを鼓舞してきました。

どんなときも、何が起きても、「それは、ちょうどいい」「そうきたか」「ありがとう」。

まず、実際にその言葉を発するか、もしくは思い込むと、次の展開が見えてくるのです。

今まで俺は、何か問題が起きたら「ありがとう！」で解決してきました。

ところが、本当に最悪の出来事が起きたとき、「ありがとう」の言葉だけでは、気持

ちの切り替えができませんでした。

そのとき、たまたま旅先のホテルで読んでいた本の一節に目が留まりました。

修行中の山伏は、基本しゃべりません。もくもくと無言で修行に励みます。そんな中、唯一言っていい言葉があるのを知っていますか？

たとえば、「バカヤロー」と言われても、その言葉だけは使っていいらしいのです。

それが、「受け給《たも》う」。

最悪の状況の真っただ中、ホテルの一室で「受けたもうーーー」と叫んでみたら、気持ちがひどく落ち込んでいたのに、笑っちゃったんです。

嫌なことも、すべてを受け止めようと前向きに思えたのです。

人生に無駄なことなどひとつもないですし、時が経たないと良し悪しがわからないこともあります。

その経験の意味など、いくらでも後付けできます。

このとき以来、**俺にとって前向きになれる最強の言葉は、「受けたもうー」**になりま

した（笑）。

あなたにも、きっと明るく元気になる魔法の言葉があるはずです。

リーダーの内面は、自分で思っている以上にチームに大きな影響を与えます。チーム全体の士気に関わることを意識して、自分にピッタリの言葉、見つけてくださいね。

リーダーは、自分らしい選択・判断基準を持とう

ニックネームで呼び合うことも、風通しのよい空間にするために空気を創ることも、考え方、行動のベースにあるのは、上下関係のないフラットな「横」の関係をつくるためです。

リーダーシップは持ちまわり制で、場面場面で、中心になる人がどんどん変わっても、リーダーは一人。

「横」の関係を創り上げても、最終的に決断をしなければいけないのはリーダーです。

平時は前に出なくても、不測の事態になったら、リーダーが前に出て、決断するべきです。

選択肢がたくさんあって、そこから選ぶのが判断です。判断は誰にでもできますが、選択肢が少ない中で決断することは、誰にでもできません。

それでも**決断しなければならない重責を負うのがリーダーの役割**だと思います。そんなときに役立つのは、自分だけの選択基準があることです。

冒険の旅につきものの、怪我や病気。最も大きな事故はモンゴルでの落馬事故でした。

海外でまさかの緊急手術。そんな事故が2回もありました。2人とも、女性の隊員でした。どちらも決断が遅ければ、生死にかかわる大きな事故でした。

不測の事態が起きてしまったとき、俺の選択基準は、3つあります。

1つ目は、決断に責任を負うこと。

2つ目は、周りが何と言おうが、その決断をして、自分を好きでいられるかどうか。

3つ目は、その人が、家族なら、自分はどう動くか。

この3つです。

最初に事故のあった家族に電話で伝えたのは、「これから私のすべての行動は、自分の娘だったら、どう行動するかを判断基準にするので安心してください。私を信用して、すべてお任せください」でした。

まず考えるのは、上手くやることよりも全力を尽くすことです。今までの経験や知識を総動員させて動きます。

どんなときも、「本気」は伝わります。自分自身にも、他人にも問う言葉があります。「その言葉の裏に愛はあるのか？」

ですから、仕事に取り組む姿勢、熱量を誰よりも持っているか、本気でやっているかを、常に自問自答することが大事だと思います。

本気でやっていると、家族のような仲間たちが応援してくれるようになります。一人じゃ何もできないのです。

他人は騙せても、自分だけは騙せません。

自分自身に嘘のない行動をしていれば、自分をとことん信じられるようになると思います。自分が信じられれば他人も信じられます。

リーダーとして謙虚に、自分に素直に正直に楽しく、好きな仕事に励んでください。

心から信頼し合える仲間とともに、最大でもなく、最強でもなく、最高のチームができたら、毎日が楽しくなりますよね。

リーダーは、ベターではなく、常にベストを目指せ！

「世界一周した中で、いちばんよかった国はどこですか？」

講演などで、これがいちばん多い質問です。

その質問の趣旨は、60カ国以上行った隊長が勧める国なら、私も行ってみようということかなと思うから、個人的に好きな国は答えられても、万人に勧められる、よかった国はどこかと言われると答えにくいのです。

そこで、ある話を使わせてもらってます。

喜劇王チャップリンが晩年、記者団に囲まれたインタビューで、「あなたの最高傑作は何ですか？」と尋ねられたら、「The next one（次の作品）」と答えたそうです。

もう晩年なので映画は撮れないのに、過去に執着せず、いくつになっても、最高傑作をつくる意欲を失わず、常に新しい作品を生み出そうとしていたのだと思います。

そこで、俺も「世界一周した中で、いちばんよかった国はどこですか?」と聞かれたら、「The next one（次の旅）」と答えるようにしています。

これは、常にモチベーションを上げるため、あなたも使えますよね?

ゴールのないチームづくり、ベターで妥協することなく、ベストを目指して日々自分自身を高め、チームの仲間に感謝しながら、一人ひとりの仲間に心寄り添って、仲間と一緒に最高のチームを創り上げてください。

あなたは一人じゃない。きっと素敵な仲間に囲まれているはずです。

リーダーは、原点に立ち戻れる言葉を持っている

過去の著書、講演、ブログで知っている人も多いと思いますが、今回、初めて俺のことを知った人のために、ここで、自分が「横」の関係にこだわる原点を書きます。気持ちを伝えやすくするために、「ですます調」ではなく、「である」調も交えながら書いていきます。

人生の転機となる出来事が起きたのは25歳のとき。「できちゃった結婚」で23歳のときに結婚、そして24歳、死産が原因で離婚した。ほぼ同時期に両親も妹も離婚、みんな自分のことで、いっぱいいっぱいで相談にも乗れない孤独な日々の中、負のスパイラルに引き込まれるように、心の師匠、じいちゃんが、がんで亡くなった。

離婚話の後、夫婦でお見舞いに行って、何かを察したじいちゃんが、蚊の鳴くよう

な声で、「夫婦仲良くやれよな」。それが、遺言となった。

元妻は、当時まだ20歳だった。

離婚が原因で相手の両親や親戚、友達を悲しませ、そして世界一大好きだったじいちゃんの遺言さえも守れないダメな自分を責めて、毎晩、浴びるように酒を飲む、自堕落で自暴自棄な日々が続いた……。

夢も目標も、人生の目的もなかった。

「俺なんて、何の価値もない……生きていても無駄だ」

自己嫌悪の塊だった。

そんな俺を救ってくれたのは、お客さんのひと言だった。

25歳、一人旅を決意し、会社を辞めてヨーロッパと北アフリカを3カ月間、放浪した。現実逃避だった。

旅を始めて2カ月近く経ったオーストリア・ウィーン。

3カ月前に送り出したお客さんとオペラ座の前でバッタリ出会った！　多国籍ツアーでヨーロッパを周遊したお客さんだった。

そこで言われたひと言が俺の人生を変えた！

久しぶりに聞く日本語だったから、砂に水が沁み込むように、乾いた心を潤わせた。

「ありがとうございました！　いい仕事してますよ。あなたのおかげです！

私は旅をする前より、頑張った今の自分が好きになれました。英語がほとんど話せないのに、参加者は英語が飛び交う外国人の中、日本人一人だけでした。

20数年生きてきて、こんなにも泣いたり笑ったり感情が揺れ動いた経験はありません。だから、私みたいに旅をきっかけに、一人ひとりの日本人を元気にして、日本を元気にしてください！」

こんなにも「ありがとう！」という言葉が力になるんだ。

こんな俺でも誰かの役に立てているんだ。

ダメな部分にばかり目を向けていたのが、よい面にフォーカスできて、ダメな自分も全部ひっくるめて自己受容できた瞬間だった。

それ以降、何があっても、ブレない軸ができたように思う。

「俺は何のために起業したんだっけ？」

「何のためにに仕事してるんだ？」

いつも立ち返る原点の言葉が、海外放浪中に出会った女性のひと言なのだ。

あれから30年以上経った今も

「俺と出会った人が元気になるきっかけを与えられたら」

「ありがとう！　を、もっと集めよう！」

と思って仕事に取り組んでいる。

元スタッフとお客さんという関係ではなく、年齢、性別、国籍さえも超えて、人として共に学び、成長し合える仲間、「横」の関係がいいと思えた最初の出来事だった。
あの日から恩返しのつもりで、恩送りの再生の人生が始まった。

あなたも、どんなに迷い悩み迷走しても、原点に戻れる言葉、経験があれば、前に進む力になります。

そんな言葉も経験もないって人は、絶好調のときの自分の言葉、親の言葉、親友の言葉、偉人の名言、なんでもいいです。

自問自答すれば、自分の原点になった言葉は、きっとあるはずです。

自分を奮い立たせてくれる言葉、探してみてくださいね。

最後に、もうひと言。
リーダーを任され、新たな挑戦をすれば、問題発生の連続だと思う。
問題はそのタイミングで必要だから起きる。
自分にその問題を解決できる能力が備わったから、この問題が起きている。

「俺は試されている……そうきたか！　こんな問題で俺はつぶされねえ」

そんなふうに考えて前に進めばいい。

仕事も旅も人生もいいことばかりじゃない。でも、だから面白いんだと思う。

事実はひとつでも解釈はいくらでもある。だったら、よいところにフォーカスするだけで、学びと成長にあふれた人生になる。見方を変えれば味方が増えていくはず。

安心・安全領域を抜け出して、素敵な仲間たちと「人生という冒険の旅」に出ましょう！

その先に今まで見えなかった素晴らしい風景が広がっていることを約束します。

成功は約束できませんが、成長は約束できますから。

Part 3

花子店長に学ぶ、後方支援リーダーシップ

三浦花子

「接客サービス」という世界

三浦花子です。

私は大学を出てからずっと『グローバルダイニング』という外食チェーンで店長をしてきました。

２０１８年２月にグローバルダイニングから独立したあとは、フリーのインストラクターとしてさまざまなお店でスタッフの育成や広報の仕事などに携わっています。

まずは、私と飲食業界との出会いについてお話をさせてください。

学生時代に京都のある外食チェーン店でアルバイトをしたことが、接客業の世界に触れた最初でした。

いつも、お客さまに何をどう言えば喜んでいただけるかを自分なりに考えていました。

そして、ある冬の、ご夫婦のお客さまとの出会いが、接客サービスという仕事の喜びや楽しさを確信するきっかけになりました。この話はまた後で触れたいと思います。

卒業後の進路を考えていたときに、先に兄がグローバルダイニングの『ラ・ボエム』でアルバイトをしていた経験から「花子には合うかもしれないね」と勧めてくれたのが、グローバルダイニング入社のきっかけになりました。

リッツ・カールトンというホテルにその名が残るセザール・リッツという人がいます。

このホテル王はサービスの天才で、顧客である英国皇太子の嗜好を本人以上に知っていた、というエピソードがあるそうです。

私が接客サービスの世界に進むことを最初は危ぶんでいた父親でしたが、最後にはこの逸話を教えてくれて、私の背中を押してくれました。

助けてもらうことから始まった、私のリーダーの仕事

グローバルダイニングの各店では、お客さまもスタッフもキラキラの笑顔であふれていました。

グローバルダイニングは徹底した実力主義の会社。しかも、体育会系の気質で、店長になってナンボという世界観。

私も入社したときから一日も早く店長になりたいと強く思いました。

笑顔であふれるお店の店長になれたら、店長である私が幸せだと思えるから。みんなが幸せであるように、その空間を作りたいといつも願いながら働いてきました。

24歳のときにそのチャンスが来たときはとにかくうれしかったことを今でも覚えています。

「これで私の思い描くお店が作れるぞ」と意気込みました。

しかし、現実は実力も実績もまだまだの新米店長です。

「お店には年上の部下もいるから、店長としてナメられないようにしなきゃ」などと思うあまり、肩ひじを張って、自分に落ち度があっても素直に謝ることさえもできませんでした。

今思い返すと、頭でっかちで、プライドばかり高くて……。若かったですね。

その後、一緒に働くスタッフに助けられながら、いろいろな出来事を乗り越え、店長を続けてきました。

店長だからこそ味わえる喜びや感動もたくさんありました。

地域密着の小規模店からグループ屈指の大型店まで、みんなに助けられながら多種多様な店舗を経験することができました。

リーダーは、大きな目標を宣言する

お店は不思議なもので、系列店（グローバルダイニングの場合は、和食の権八、イタリアンのラ・ボエム、エスニック料理のモンスーンカフェなど）でも業態や立地、お客さまの層によって雰囲気が違います。

同じお店でも、店内にいるお客さまや、その日勤務しているスタッフによっても、違って見えることがあります。

お店は生き物だなって、つくづく思います。

そうやって日々変わるからこそ、お店では何（どんな価値）を提供するのか、どんなお店にしたいのか、という軸を持つことが重要です。

私は最初に店長を拝命したときに『世界一、笑顔であふれるレストランにする』という目標を掲げました。

世界一とは大それた目標だなと自分でも思いましたし、文字にしてみるとさらに違和感があって、一人でクスッと笑ってしまったほどです。
しかし、この大きな目標を掲げることに意味があるのです。

目標が「世界一」ですから、スタッフには「普通にやってもダメだ」ということが伝わります。

最低限のレベルや合格点のラインもおのずと高くなります。

「世界一を目指すのだから、ボンヤリとしていられない」と、スタッフの心のスイッチを入れることもできるかもしれません。

そのスイッチこそ、自ら考えて行動する自動型スタッフになるための第一歩です。

自分の覚悟や気持ちを、心に一人で刻む人が多いですが、私は、「宣言は外に向かって大きく！」と言います。

外に向かって飛び出した宣言は、自分にもブーメランのように帰ってきます。

「言ったことは実現しないと意味ないよね！」と自覚が生まれます。

これが宣言の意味。自分だけで内側に抱えているだけでは意味を成しません。

リーダーは、「ありがとう」が生まれる瞬間を共有する

店長になってから、たくさんのスタッフと仕事をしてきました。

ごく普通に入店したアルバイトスタッフが、短期間で店長候補にまで成長したこともあります。

はじめは挨拶の仕方から教えますが、スタッフが成長すると、お客さまにありがとうと言っていただけることが増えます。

お客さまに喜んでいただけた経験は、A・マズローが説く「承認欲求」が満たされ、小さな感動によってスタッフはもっとがんばろうと意欲がわきます。

そういうスタッフがお店にいると、他のスタッフもがんばろうと努力するようになり、お互いに高め合って成長していきます。

そう、ありがとうは連鎖するのです。


そして、**リーダーは、ありがとうが生まれる瞬間とその理由を観察していなければいけません。**


観て→感じて→気づく・察する！

感じて察すると言うのが大事で、この能力を感察力と私は言っています。

「ありがとう」が生まれる瞬間を、感察力を駆使して見ていなければ、スタッフの中に不満が生まれます。疎外感が生じます。

気づいてあげなくてはいけないいんです、ありがとうの生み出し方を共有するためにも。だからこそ、後ろの方から遠目に見る。リーダーはつねに全体を俯瞰していなければいけません。

リーダーは、コンセプトを設定する

お店を任せられる自動型スタッフが増えれば、店長である自分にはゆとりができます。

イベントの企画やパーティープランの作成、清掃や接客のレベルアップ施策など新たな業務に挑戦でき、ますます「お客さまを笑顔にできる＝ありがとうを生み出す」という好循環が生まれるのです。

たとえば、接客担当のウェイターがお客さまとの会話から今日が誕生日だと気づくことができれば、デザートプレートにお祝いメッセージを添えるといったサプライズが可能になるわけです。

店内で最もお客さまとの接点が多いウェイターがこういった行動を自発的にとってくれたら、つまり自動型スタッフとして活躍してくれたら、こんな頼もしいことはありません。

しかし、人によって考え方はさまざまですから、判断が適切でなかったり、行動に迷ったりすることがあります。


そこで重要なのがコンセプトです。

私が店長をしていたお店では「お客さまの笑顔」がすべての判断基準です。

曖昧ですか？　わかりやすく、包容力のある言葉だからこそ誰もが共有できると思っています。


お子さま連れのお客さまが来店されたときはご案内するスタッフがサッとお子さま用の椅子を用意し、ドリンク担当のスタッフがお子さま用ドリンクを準備するという、素晴らしい連携体制ができていました。

お子さまが笑っていれば、大人たちも食事を楽しむことができますから、お子さまをお待たせしないことはとても大事なことなのです。

こんな風に、スタッフがお客さまの笑顔のために全力を尽くすことが、理想のお店の姿です。**スタッフが自発的に動くためには判断基準となるわかりやすい合言葉、つまりコンセプトを示す必要があります。**

これはリーダーにしかできない仕事だと思うのです。

現場はお客さまの情報を手に入れるフィールド

グローバルダイニングのお店は比較的広いお店が多く、1フロア100席超、2フロア合計250席超のお店の店長を担当したこともあります。

これだけ広いと、店長一人ですべての状況を把握することは無理。

店長はお店全体を統括し、各フロアは現場を任せられるリーダー級のスタッフが担当し、フロア内はさらに複数のエリアに分けて、ウェイターが受け持ちます。

ウェイターが自動型かどうかでお店の状況を大きく左右します。

私の体験談をひとつご紹介しましょう。

予約なしで来店された4人組のお客さま。

1杯目のドリンクをお持ちしたら「乾杯!」という声が聞こえました。

きっと何かのお祝いです。でも、何のお祝いかまではわかりません。

お料理をお持ちしたときや、お席の横を通るときに会話の中身に注意してみると、

どうやらどなたかのご結婚をお祝いしているようです。

もう少し詳しく知りたくて、タイミングを見計らっていたのですが、お客さま一人が席を立たれました。お手洗いのようです。チャンスが来ました。

「お手洗いですね、こちらへどうぞ」

お手洗いの方向にご案内します。

「今日は何かのお祝いですか?」

さりげなく尋ねました。

「実は結婚が決まった子がいて」

やっぱり。見立て通りでした。

この情報が欲しかったのです!

小さな投資を大きなありがとうに

「ご結婚ですか。おめでとうございます。もし差し支えなければ……」と控えめなトーンで、主役の方のお名前を伺いました。

もうここまでで8割がた出来上がっています。

お客さまのお食事が十分に進んだところで、テーブルにメニューをお持ちし、デザートをお勧めしました。

みなさまがデザートを注文してくださって、内心ではガッツポーズです。

急ぎ厨房へ向かい、ご注文の4品のデザートをあえて大きな1枚のプレートへ盛り付けます。

フルーツや生クリームで華やかに飾ったら、お皿の余白にチョコレートソースで「ご結婚おめでとうございます！　○○さん」とメッセージ。

飲食店用の花火を立てて、火をつけたら、店内の照明を落として、ウェディングソングをかけてお店全体でお祝いします。

主役の方はもちろん、一緒にいたお客さまもはじめ何が起きたかわからず、目を丸くされていましたが、お店からのお祝いを大変に喜んでくださいました。サプライズ大成功です！

グローバルダイニングではこれを現場の判断で行ってよいことになっていました。デザートのお代はいただきますが、プレートのデコレーションや花火は（大した金額ではないにせよ）お店からのサービスです。

お客さまからしてみれば、予約もしていないし、結婚のことも伝えていないのになぜ祝ってくれたのか不思議に思われたことでしょう。

突然だからこその感動を味わっていただけたと思います。

しかし、もし、こうしたサプライズはすべて店長の指示で行うとしたら、どうなるでしょうか？

リーダーは、やっぱり指示をしてはいけない

「ドリンクを提供したら、乾杯の有無を確認して」「乾杯ならお祝いごとの可能性があるから、何のお祝いかを会話の様子から探って。ばれないように」「席を立つ方がいたら、その方に声をかけて……」って、細かくスタッフに伝達……。これはあり得ませんよね。

店長の指示には限界がありますし、スタッフは指示されて動くことが当たり前になると、そこで成長が止まります。

播磨早苗さんという方が書かれた、『宿屋再生にゃんこ ストーリーで学ぶ最強組織づくり』という本の中に、「部下を信じられへん人は、つい細々と小言言うねん。すると、監督されへんと怠けるモンが育つんや。そうゆうもんやろ」というフレーズが出てきますが、まさにそれ。

仕事のすべてが作業をこなす感覚になるので、「何のため」「誰のため」という視点

が持てず、サービスの質が低下し、最終的には一切自分から動かない指示待ち人間が出来上がります。

スタッフは、自分が用意したサプライズでお客さまが笑顔になったら無条件にうれしいですし、もっとお客さまを喜ばせたいと思うようになります。

そういうスタッフが増えれば、お店のクオリティーは上がります。

もちろん最初は指示を出しても、そればかりがリーダーの仕事ではありません。

リーダーは、部下に苦手を克服させてはいけない

人間にはやりたいことと、やりたくないことがあります。得意なことも不得意なこともあります。

やりたいことと得意なことが一緒ならベストですが、やりたいことが不得意だと結果が出なくて大変です。

さて、多くの飲食店では、料理を用意する厨房担当と、接客やサービスを担うホール担当に分かれています。

さらに、グローバルダイニングのお店ではホール担当の中でもドリンクをつくったり、料理のスピードをコントロールする担当と、お客さまの接客を担う担当に分かれていました。

前者をオペレーション担当、後者をホスピタリティ担当と呼んでいました。一般の

会社であれば、生産管理部門と営業部門ということでしょうか。

両者は仕事内容が違うだけでなく、評価制度や給与体系も異なるので、スタッフを採用するときには希望を確認します。

接客が好きだという人がホスピタリティ担当を希望する場合は問題ありませんが、マッチングがうまくいくときばかりではありません。

オペレーションタイプに見える人がホスピタリティ担当を希望することもありますし、ホスピタリティタイプと思ったのに「カクテルを作りたい！」とオペレーション担当になる人もいます。

まずは現場で体験してもらって、合わなければ配置転換を考えます。

たとえば、オペレーション担当はドリンクづくりや料理の盛り付け確認などを担いますが、スピードや正確性が要求される仕事です。

人数が足りないときに私もオペレーションに入ってドリンクを作ったことがあるのですが、手は早くないし、なぜか盛り付けたあとの作業台が人よりも散らかってしまうんです。

スタッフには「もぉー、店長！」と笑われていました。

オペレーション担当に不向きなことは明らかでしたが、**私がオペレーションのスペシャリストになるほど猛烈に練習したかと言えば、そうはしませんでした。**

私はもともとホスピタリティ側の人間ですから、苦手を克服するよりも長所を伸ばす方がいいと考えました。

また、**店長である自分が苦手なオペレーションを練習するよりも、オペレーション向きの人材を採用して育て、彼らが活躍できるお店にする方が、よほどお客さまのためになります。**

他の人と比べ出すと短所は気になってしまいますが、無理に克服する必要はないのではないでしょうか。

どうですか？

あなたはリーダーだからと、すべてのことができないとダメだと、苦手なことを克服しようとしていませんか？

そして、部下の苦手なところを伸ばそうと、指導をしていませんか？

むしろ長所を伸ばすことに時間を割くべきです。

リーダーは、業務の性質で、部下の接し方を変える

オペレーション担当には職人気質のところがあり、どんなに忙しくてもドリンクの注文が殺到しても、間違ったり遅れたりすることなく、きっちりと提供できる人がいます。

上手な人の仕事ぶりを見ていると、いち早く提供するための段取りができていたり、作りながら不要なアイテムの片付けができていたり、工夫や知恵が詰まっています。

オペレーションタイプと、ウェイターを含むホスピタリティタイプ。

どちらもお店にとっては大事なスタッフですが、店内での私の接し方は異なります。

オペレーションタイプには叱ることが多いです。ドリンクをお待ちのお客さまがいるのに間に合っていないとしたら、それは準備が悪いから。この前も同じくらい混んでいたのに、なぜ今日は追い付いていないのか、真っ向から注意をします。

言われたことに対して「こんちくしょう」と悔しい思いをしながらも、改善していける人は伸びます。

オペレーション向きの人は、ただ自分が悪かったではなく、自分が行ったこの部分が良くなかったと物事を論理的に考えることができ、総じてメンタルが強い傾向にあります。

センスは活かしてこそ、価値を生む

オペレーションタイプと反対に、ホスピタリティタイプにはあまり叱りません。

接客を志向する人は相手が何を欲しているのか、顔色を読む能力に長けていますし、感情表現が豊かな人が多いので、叱られてモチベーションが下がるとそれが接客に影響してしまいます。

ときには叱らなければならないこともあるのですが、言うタイミングや言い方にはものすごく気を使う必要があります。

というのも、私自身がホスピタリティタイプで、かつて上司から勤務中に叱責されてお客さまを喜ばせることなど考えられなくなることがあったからです。

私の性格を理解している上司はのびのびと仕事をさせてくれて成績も上がりました。

スタッフが精神的につねにベストのコンディションで仕事ができることは、結果的

にお客さまのためになると思っています。

異論があるかもしれませんが、世界一笑顔あふれるレストランを目指すお店にとって、最も重要なのはウェイターです。

ウェイターはお客さまと接している時間が最も長く、お客さまを直接喜ばせることができるポジションです。

だから、私が店長をやるお店ではウェイターが花形でした。

お店の中では店長よりも大事だと思っています。

実際、生き生きと働いているウェイターが多く、その姿にあこがれてアルバイトを希望する人も少なくありません。

グローバルダイニングのあるお店に2人のアルバイトスタッフがいました。2人ともホスピタリティ担当ですが、キャラクターが全然違います。

一人は愛想が良くて愛嬌があって、お客さまのファンも多い〝愛されキャラ〟のミクさん。
もう一人は黒子に徹して居心地の良さを追求する〝努力家〟タイプのミヤさん。

それぞれ魅力的ですが、接客スキルは努力家のミヤさんが圧倒的に優れていました。彼女は目立つタイプではないですが、接客されると心地よくて、お客さまは必ずお店のファンになってしまうのです。

2人ともお互いの長所と短所を認め合っていたのではないかと思います。

ミヤさんはミクさんほど愛嬌がないことを自覚していたし、ミクさんも接客スキルではミヤさんにかなわないと思っていたようです。そのうえで、彼女たちは各自の個性を生かして、お客さまを喜ばせていました。

リーダーは、見本を見せて、意図を考えさせる

ただ、実際にはウェイター志願者にも向き不向きがあります。
会社でいうと、営業を希望しているけれど、人見知りがある、とかでしょうか。
ウェイターになろうと努力している人は応援したいのですが、根本的に向いていないと判断したら、そこで別の道を提案するのも店長の重要な職務です。

たとえば、お客さまがテーブルについて、まだコートを脱いでいる途中なのに「ドリンクはお決まりですか」と注文を聞きに行ってしまうような人はウェイターに向いていません。

その場では注意しますが、注意をしても改善できない人は、他のことでもお客さまの立場に立って考えるのが苦手なことが多いです。

先ほど、感じて察すると言いました。これはウェイターにいちばん求められる能力

だと思います。

そもそも、ウェイター向きの人はセンスを備えている人が多いと感じます。

新規採用したスタッフに仕事を教えているときのこと。担当しているテーブルにはカップルのお客さまがいました。

デザートを終えたところで、女性がお手洗いに立ったので、私はすかさず伝票を持ってテーブルに行き、男性にスッとお渡ししました。

新人にはこういう接客シーンを見てもらい「いまの行動の意味はわかった?」と尋ねます。

「女性がいない間に、男性がお会計を済ませられたらスマートだから?」と答えられたらグッド。ウェイターとして期待できます。

答えられなかった場合は簡単に理由を教えて「気合いの入ったデートでは男性はカッコつけたいものなんだよね。お二人が帰るところをよく見ていて」と伝えます。

女性がお手洗いから戻ると、男性はスッと席を立ち女性をエスコートします。女性

は彼の顔を見て「おいしかった。ごちそうさま」と、とびきりの笑顔を見せます。

どこか誇らしそうな表情の男性と、幸せに満ち足りた表情の女性。

お二人が連れ立っていくのを見届けるところまでがウェイターの仕事です。

伝票を渡した意味が最初わからなくても、この体験を通して接客をする上で大切なことに気づくことができれば、ウェイターとして伸びていきます。

異動先では、リーダーとしての立場を明確にする

チェーン店ならば店長もスタッフも異動が付きもの。

新店舗の立ち上げで、ゼロからお店を作ることもありますが、それは稀で、稼働している店舗に異動する方が普通です。

異動の理由はさまざまで、店舗の立て直しを任されるケース、昇進や退職で店長不在になった店舗へ配属されるケース、新任店長が誕生した余波で異動になるケースもあります。

また、自ら「あのお店をやりたい！」と手を挙げて、その希望がかなって異動する、グローバルダイニング独特の異動もあります。

会社でも部署の異動がありますよね。

いかなる理由であれ既存店に異動するということは、自分よりも長くその店舗に勤

務するスタッフと一緒に、新たな店づくりを始めるということ。
そのため、**私は異動すると、まずスタッフとの一対一の面談を行います。この面談、最初は立場を明確にするためのものでもありました。**

20代半ばで店長になりましたから、異動先のお店ではスタッフのほとんどが年上ということも珍しくなかったのです。

年齢はどうにもならないですが、店内での私への対応が、同等扱いあるいは年下扱いでは、いざというときに示しがつきません。

私が携わったお店では店長のことを「○○さん」と名前で呼ぶお店が多かったのですが、私はあえて「店長」と呼んでもらうようにしました。

名前だと親しみはあるのですが、店内ではお互いの立場を明らかにしておく方がいいと考えたからです。

スタッフとの距離感というだけではありません。たとえば料理が遅いとか、スタッフの対応が悪いとか、お店へのクレームや足りない部分の責任はすべて、まず店長である自分が受けとめるべきという覚悟を示したかったからです。

リーダーは、一対一の面談で、敬意と感謝を伝える

グローバルダイニングでは、ざっくりホスピタリティ担当とオペレーション担当の2種類があると説明しました。

細かく言えば、受付を担当するレセプション、お客さまと接するウェイター、その中でも高い接客スキルを認められたトップウェイター、お水を運んだり食器を下げたりするバス、ドリンクを作る専門家のバーテンダー、厨房とホールとの間を取り持つエキスパタイザーなど、役割が細分化しています。

異動先のスタッフには、一対一の面談でこれからお店でやりたいことを尋ねます。それによって、その後のかかわり方が大きく変わるからです。

たとえば、リーダーになりたいスタッフにはそのために必要なスキルを教えていくでしょうし、お店を任せられそうかどうかを見定めます。

また、接客が大好きでトップウェイターになりたいなら、接客スキルが上がるように「ここはよかった」とほめたり、「こういうときはどうしたらいい？」と考えるヒントを与えたりしながら、成長をサポートします。

面談で質問をする際に、いちばん大事なことはスタッフへの敬意と感謝です。それがあるからこそ、相手は本音を話してくれるのだと思います。

これは、私の数ある失敗経験の中から学んだことのひとつでもあります。

あるお店ではスタッフの数も多く、日々の業務に追われるうちにコミュニケーションが希薄になり、スタッフとの間に距離ができてしまいました。

一対一の面談は、信頼関係の第一歩。そのうえで、本人のなりたい姿に近づけるように指導し、見守っていくから、より良い関係性が築けます。

「この店長と一緒に仕事をすると勉強になる」

そう思ってもらえたら大成功です。 年齢や経験に関係なく、その人は本当の意味で私を店長として見てくれるはずです。

リーダーは、ネガティブの芽を早く摘む

個別の問題を抱えたスタッフとの面談では通常、私からの話は10分で終わります。

しかし、ときには店内でネガティブな種をまく人がいます。最初はその人個人に伝えますが、それでも直らないと、やめてもらうこともあります。

たとえば、そのお店は全員がネガティブ発言をする店で、10人ちょっとのスタッフ全員が、相互に悪口を言い合っているような状態。

誰かのせいにするのは楽だからでしょうが、最初に、一対一で、その手の発言は二度としないことを約束してもらいます。

営業中に「だからあの人は」とぽろっと出たら、「約束したよね」と間髪を入れず言う。

必要があれば、不満を持つ相手のところに行って「言いたいことがあれば当人に直接言うか、私が代弁するから言ってほしい」と伝えます。

私自身、叱りながら涙目になることもありますが、そこは心を鬼にして対処します。大変ですが、それがリーダーの役割です。その関係性がよくなると、お店自体が動かしやすく、仕事がしやすくなります。

リーダーは、どんなときでも部下を守る

叱り方を間違えると、部下の心が離れるだけではなく、チーム全体に悪影響が出ることが少なくありません。

スタッフの振る舞いが原因でお客さまが怒ったとき、自分が見ていない場合、情報が入ったらすぐお話を聞きに行き、詳細を把握します。

怒りたくてご来店するお客さまはいないので、不愉快な思いをさせてしまい申し訳ありませんと真摯に謝ります。

しかし、ときには理不尽なこともあり、「こういう経緯だったのだろう」と推測できることもあります。

そういう場合は、お客さまの対応が終わったあとに過去の事例も引き合いに出しながら、スタッフに共感してあげることも必要です。

お客さまは神様であっても、ときには不機嫌な神様もいらっしゃいます。

あるとき、店内でタバコを吸いたいと譲らない男性2名のお客さまがいました。全席禁煙の店です。こちらも譲るわけにはいきません。

しばらく押し問答の末に彼らは帰って行きましたが、思い返すとどうしても納得がいきません。

それは、対応したスタッフが罵声を浴びせられたからです。

それで2人を追いかけて、路上でその点を指摘しました。

相当に揉めましたが、自分のやっていることは悪いとは思いませんでした。

後日、彼らはシャンパンを手に、お詫びに来てくれました。

揉めた日は何かトラブルがあったらしく、うちのスタッフはいわばそのとばっちりを受けたわけです。

罵声を浴びせられたスタッフに、もし私が「どうしてお客さまを怒らせたのか」と責めていたのではそのスタッフの心が離れてしまうことは明らかです。

リーダーは、部下との付き合い方をフェアに

私は、部下とはプライベートの飲み会に行かないようにしていました。お酒が飲めないのもありますが、結果的にはよかったかもと思います。

誰かには特別なことを言い、誰かには言わないというような、そういうことをしたくなかったからです。

私はこれまでの経験から、店長としてのあるべき行動原則、題して「店長10則」を自分に課してきました。

1 ビジョンを掲げること
2 決断できること
3 矢面に立てること

4 裏表がないこと
5 謝れること
6 ブレないこと
7 人の話を聞けること
8 人の長所を見つけてそれを活かせること
9 人ではなくコトに対して怒れること
10 厳しい状況で誰よりも頑張れること

4番目の「裏表がないこと」は、つまりフェアでいることとは、いつも心がけています。

グローバルダイニングの社長からは「後ろ指を指される生き方をするな」と言われてきました。

スタッフ全員参加の忘年会や同じ役職の人たちとなら大丈夫ですが、たとえば私とアルバイトと2人だけで飲み会などは、それが男子であれ女子であれ避けてきました。

そんなときは、事務仕事があるとか適当な理由を見つけて一人でどこかへ出かけます。これは、内緒ですが。

スタッフとのコミュニケーションについて、LINEは交換していますが、個人的なやりとりは店内で完結するようにしています。

何か問題があれば、その日のうちに解決を試みます。それを解決するまでは帰らないことを、自ら暗黙のルールにしています。

モヤモヤを解決できないままでいると、グループLINEに長文を投下する癖がでてしまい、ますますどんよりしてしまいます。

リーダーである自分がいつまでも気持ちを引きずっていて、お店にとっていいことは一つもありません。仕事が落ち着いた時間に振り返ったりしながら、何より次の日に持ち越さないことが大事です。

リーダーも、ときには泣く

グローバルダイニングは男社会で、女を見せたら終わり、泣くなと当時の上司に言われてきました。

女性は大切にされるけれど、女を出すとあなどられてしまい、結果的に本人が困ることになります。結果が出ない、怒られる、泣く、あなどられて期待されない、ますます結果が出ないというループに陥り、降格にいたるわけです。

私自身も、中村隊長と同じようによく泣く店長だと言われていました。

でも、それは目標を達成したときや、お客さまが涙を流して喜んでいるときのこと。

私がまずポロリと涙を流してしまい、スタッフもみんなもらい泣きして喜びを共有することがたびたびでした。

また、**自分のやるべき使命を果たせないとき、お客さまに喜んでいただけないとき、悔しくて一人トイレで泣くこともありました。周囲も気づいていたと思います。**目も赤くなるし絶対にバレていました。

でも、泣いた後は努めて平然と仕事をします。部下や後輩の前では精神的な弱さを見せないと決めていたからです。

仮に泣いても切り替えることが大事。高校・大学とチアリーディングをやっていた経験が生きているのかもしれませんね。

店内を見回して「いまここにいらっしゃるお客さまをどうするの？」と自分に問えばすっと切り替えができるんです。

私の仕事の原点

ここで、Ｐａｒｔ３の冒頭で触れた、あるご夫婦のお客さまとの出会いをご紹介させてください。７年前に書いたブログの文章を一部修正したものです。


大学生のとき、京都のWグループのお店で働いていた。

私の原点はココにある。

ここでアルバイトをしなければ、私が今、飲食店で働いていることはなかったと思う。

もう6年くらい前のことなのに、少しも薄れない記憶がある。

２００６年冬。京都には春も夏も秋も冬も、たくさんの観光客がくる。

いつもと変わらずアルバイトをしていると、40代か50代くらいのご夫婦がご来店された。

そのとき、お店では牡蠣鍋、塩ちゃんこ鍋、キムチ鍋の3種類の鍋フェアをやっていた。

そのご夫婦は、キムチ鍋をチョイス。

少し話すと、東京から2泊3日で旅行に来て近くのホテルに泊まるとのこと。

京都は、美味しいお店や、素敵な場所がいっぱいあるので楽しんでください！　と伝えた。

帰るとき、お見送りに行き、キムチ鍋の感想を聞く。

凄く美味しかったよ(^^)って言ってくれた。

私は、ではあと2種類あるのでまた食べに来てくださいね！

京都楽しんで行ってくださいい！　と伝えた。


次の日の夜、ご夫婦まさかのご来店！

牡蠣鍋食べに来たよ！　って。

うれしくてみんなに伝えた。

キッチンさんもうれしいなぁって言っていた。


ご夫婦が帰るときに、今日は本当にありがとうございました。

残るはちゃんこ鍋ですね。冗談です(^^)

残り一日、京都を堪能してください！

そう伝えてお見送りした。


翌日は、本来バイトはお休みだったが欠員が出て代わったため、私はお店にいた。

オープン直後、そのご夫婦がまた来てくれた。

旅行の最終日のはずなのに……。


ご夫婦の顔を見ただけで目頭が熱くなった。

もちろん注文したのは、ちゃんこ鍋だった。

お帰りの際に、「京都の旅行凄く楽しかった。でも、あなたに会えたことがこの旅行でいちばんうれしかったことだよ」って言ってもらった。

その日、この仕事って本当に最高だ、って思った。

お客さまの笑顔がこんなにも私を幸せにしてくれる。

そして私は、いま店長をやっている。

一緒に働く仲間達が、お店に来てくれるお客さまが、みんな笑顔だと、やっぱり幸せだ。
なんも変わってない。
変わりたくない。
みんないつもありがとう。

自分事ながら、なんだか初々しいですね。しかし、確かに私の原点はここにあります。
お客さまとの心が通い合う瞬間、ありがとうの言葉が行き交う空間、そこに接客サービスという仕事の楽しさ、奥深さを実感します。

レストランは、人でできている

グローバルダイニングのさまざまな店舗の店長を担当するなかで、その地域地域でたくさんのお客さまに支えられ、励まされてきました。

常連さんの一人であるZさんの呼びかけで、私の誕生日に数十人ものお馴染みさんが集まり、お祝いしてくれたことは一生忘れられない思い出です。たくさんの「おめでとう！」に囲まれて本当に幸せでした。

また、3・11東日本大震災のとき、徒歩で家路へと急ぐ人たちに店頭で温かいお茶をサービスしたことがありました。

その様子を偶然目にしたNさんという方はご自身のブログで報告され、後日来店されました。そればかりか、私の誕生日にも駆け付けてくださいました。

料理も大事、しつらえも大事。しかし、レストランはなによりもまず人でできています。

お客さまと私たちスタッフはレストランというステージで出会い、「ありがとう」の交流を重ね、日々レストランを共同で創りつづけているのです。

私はレストランが大好きです！　そして、ずっとこれからも。


札幌で長年カウンセラーをしている母親に勧められ、人間心理の学びを兼ねて産業カウンセラーの資格を取りました。

スタッフの育成・コーチングで大切なことは、感動体験を与えること。人間は理性で納得し、感情で行動するといいます。

最初はお客さまの笑顔や「ありがとう」のひと言、といったプチ感動体験でもいい。承認欲求が刺激され、やがてもっと高い自己実現をめざして自発的な行動へと向っていきます。

スタッフたちのその先に、マニュアル通りだけでは決して得られない、宝物のような感動体験が待っていることを心から願っています。

Part 4

引っぱらないリーダー15のルール

中山マコト

RULE 1

リーダー風を吹かせない

中村隊長、花子店長。2人に共通する代表的な考え方は、「リーダー風を吹かせない！」ということ。

言い換えると、先頭に立たず、メンバーを見守ることです。

リーダーが次々に、自ら問題の解決に動いてしまうと、結局、メンバーの自発的な意識や積極性を削いでしまいます。

よほどの場合を除き、**これからのリーダーは、リーダー風を吹かせず、見守り役＝管制塔に徹するのです。**

メンバーの成長を第一に考え、メンバーの成長する機会、活躍の場をつくること。

2人に共通するのは、メンバーの成長を第一義に考える、育成の精神です。それが結局、お客さんのためにも、彼ら自身のためにも、リーダーのためにもなります。

「俺が俺が！」「自分が自分が！」という、前に出るリーダーではなく、メンバーが成長することで、万事が円滑に回り始める。

それはそうですよね、個人の能力の総和がチームのチカラ。

リーダーの独断専行は、メンバーの成長の妨げになるのです。


そのために、積極的に「メンバーの活躍の機会」「持ち味を発揮できる舞台」を用意します。

旅の参加者に、旅先で思わぬかくし芸を発揮させ、同行メンバーに一目置かせてしまう中村隊長。お客さんの様子を観察し、スタッフを仕向け、結果、ありがとうを持ち帰らせる花子店長のやりかた。ともに、場をつくる達人です。


指示をせず、自分の意志で、自発的に動く、自動型スタッフ育成を目指す。

決して、指示待ちが悪いわけではありません。ですが、それだけではチームのチカラにはなりません。

自ら考え、自ら動く。そんな自動型の部下やスタッフが増えれば、部署やチームのチカラは格段に増します。

その自主性を高めるためにも、リーダーはできるだけ見ている。

そして必要なときだけ、必要な動きをする。

そのことで、依存心の少ない、自動型スタッフが育っていくのです。

RULE 2 ほめ過ぎない

ほめることは大事です。

が、それが過度になると、ほめられなければ動かない、ホメ待ちスタッフが増えてしまいます。

あげくの果てに、「どうしてほめてくれないんだ!」とか「これだけやってるのに、○○さんの評価の方が高い」などと、的外れな思い込みが生じます。

リーダーはほめるだけでなく、常に適正な評価を下す！　そんな癖をつける必要があるんです。

行動や言動は、どんなものでも諸刃の剣の意味合いを持ちます。誰かをほめれば誰かがひがむ。誰かを叱れば、誰かがほくそ笑む。

そんな二律背反の世界です。

ですから、いつもバランスを考え、「自分の行動や言動がどう働くのか？」というメカニズムを知っていないといけません。

そしてそのメカニズムを動かす源は、平等ではなく、「公正」です。「平等」というのは、いつも全員に同じだけの言葉をかけ、同じだけの気持ちを注ぐことです。が、事実上、それは無理。いずれ破綻します。

だからこそ、**できることは「こんな考えでやっている！」と先制して伝えること**です。

要は、**理由をわからせることで、メンバーがそれぞれ自覚を持つ**ということです。

それにより、「私へのリーダーの接し方はこれなんだ！」「このやり方が私に向いてるんだ！」「〇〇さんと私は違うんだ！」といった自覚が生まれてくる。

ここがポイントです。

RULE 3
弱点は先に伝える

新しいリーダー像は、引っぱらないリーダーです。横や後ろにいて、全体に目を配りながら、バランスよく、チームを動かしていくのがポイントです。

その意味では、弱い部分、人間臭い部分を見せてもよいのです。

というか、見せないとダメだと思うんです。

その人間臭い部分の最たるものが、自己開示であり、弱みを見せるということですね。

強がらず、偉そうに見せようとせず、足りない部分は足りないと最初に言っておく。弱いところは弱いとあらかじめ言っておく。

これをやると、メンバーとの距離が接近します。

同じ弱みを伝えるのでも、隠しておいて、結局、バレてしまうのと、最初から言ってしまうのでは雲泥の差が生じます。

中村隊長はこの〝先に伝えること〟の達人です。

「実は英語、あまり話せないんだよ」と最初に開示することで、メンバーが積極的にリカバーしてくれます。

「英語がうまくない」

「実は悩みを抱えている」

そういった弱い部分をあらかじめ、早めに伝えておくからこそ、メンバーの中に自発性が生まれます。

後出しじゃんけんは嫌われるとともに、大きな不信感を生んでしまいます。

仮に隠しておいて、あとでバレる、露呈したら、どうでしょう。

信用は消し飛んじゃいますよね？

だから最初に言っちゃう！

リーダーは決して万能である必要はなく、メンバーの個性と能力を引き出すことの方が大事です。

リーダー一人がいくら頑張っても、メンバーが総力を発揮した場合にかなうはずがありません。

これ、心掛けてください。

RULE 4

泣くのも……あり

リーダーは泣いてもいいんだよ！　中村隊長、花子店長、2人とも異口同音にそう言います。

中村隊長は、気持ちが震える感動の場面に接すると遠慮なく涙を流します。

その人間臭さが、チームをまとめる力になります。

花子店長は、スタッフに見つからない場所で、ひとり涙を流します。そしてそれを切り替えのスイッチとして、新たな局面に挑みます。そうは言っても、スタッフにはバレているわけですが……。

リーダー自らが、ストレートに涙を流すことで、メンバーも「隠さなくていいのだ！」と自覚します。

そして、リーダーとメンバーとの、心の距離が埋まります。

泣くというのは究極の感情表現。

その感情表現をすることで、いってしまえば、リーダーも人の子、弱い部分もあるんだな、という当たり前のことがメンバーに届きます。

自分達も正直でいいのだ、弱い部分を見せるのは当たり前なのだ、という思いが生まれます。

そこから本音の付き合いが始まるのではないでしょうか？

泣くにせよ怒るにせよ、人間だからこそそのこと。

いわゆる血も涙もないサイボーグのようなリーダーには、誰もついてはこないのです。

RULE 5 仲間の力を借りる

中村隊長と花子店長、2人とも、もとより万能ではありません。

だからこそ、そこを自覚したうえで、スタッフの力を借ります。

スタッフの力を借りるには、スタッフを知ることがスタートです。

スタッフの個性、能力を見極めなければ、当然ながら適材適所も成立せず、チームはバラバラ。

能力を発揮させるどころか、力を借りるなんていうところまでは絶対に至りません。

リーダーがスーパースターを気取ると、スタッフは心の遠巻き状態になり、何かあったときに自らが動かない、リーダー頼みの依存体質になってしまいます。

力を借りるということは、適正な仕事をさせるということ。

結果、それが自分を助けることにもなるんです。

花子店長がいうように、スタッフが短期間で店長代行を果たせるようになれば、何があっても安心。

リーダーには心の余裕ができ、他の分野に自らの力を振り向けることができます。

スタッフが積極的に課題を見つけ、自らが率先して動くようになるためには、リーダーは強くなくてよいのです。

その方が、スタッフの中に、「自分こそが頑張らなきゃ！」という自覚が生まれるのです。

RULE 6 誰よりも自分が状況を楽しむ

仕事は苦しいものかもしれません。楽して収入を得る、なんていう話はないのかもしれません。

ですが、だからといって、**リーダー自らが苦しい顔をしていては、一瞬にしてメンバーに伝播します。**

そして効率も効果も落ち、全体の生産性も下がってしまいます。

だからこそ、**リーダーは、常に状況を楽しむ姿勢が必要です。**


楽しむということは、仕事のディテール＝細部まで興味を持つということ。

興味を持たなければ、本当の楽しさや喜びになんて気づきません。

中村隊長が、旅先でメンバーに自己紹介をさせ、そこからメンバー同士が興味を持ちあえるようにしたり、花子店長が、お客さんを観て、臨機応変にスタッフの活躍の場をつくってあげるのもこの考え方です。


大きく派手な活躍の場でなくとも、小さな「誇り」がたくさん積みあがることで、人は自信を持ち、仕事自体に関心を持ちます。

自信は一日にして成らず。小さな、雲母の一枚一枚が堆積して大きな岩に育つように、少しずつ高めていくものだと思うんです。

だからこそ、無理をしなくても、自然と楽しむ姿勢が生まれてくる。

そういうことだと思うんです。

楽しむということは、楽しい部分を掘り起こすということ。知って欲しいと、自らが掘り起こして見せること。

その姿勢こそが部下に伝わっていくと思うんですよ。

RULE 7 ネガティブな発言はしない

リーダーだってもちろん、つらいこと、きついときはあります。

仕事が忙しかったり、私生活が思うようにいかなかったりすると、それがネガティブな発言になって発露したりします。

が、これは厳禁です。

ネガティブな言葉は、必ず部下に伝播し、マイナスの雰囲気をつくってしまいます。

そうなると元に戻すのは、大変なスタミナと時間がかかります。

きついのもわかる。つらいこともあるでしょう。

でも、そんなときこそ、足を踏ん張り、歯を食いしばって、ネガティブな発言を控えて欲しいのです。

ただ、ネガティブなテーマでも、中村隊長がやるように、心を開いて、本音を開示するというのはありです。

「あのリーダーですらこんな思いをしているんだ！」と伝えることで、メンバーの中に、「自分で動こう！」「積極的に参加しよう！」という意識が生じます。そしてチーム全体が強くなっていきます。

メンバー自身が、解決策、打開策を自ら考えることができるようになるからです。

立ち止まり、マイナスにだけ考え、それを振りまくのではなく、部下と一緒になって考えるというスタンスをとれば、それは「共通のテーマ」となり、部下の成長の養

分になります。

RULE 8

態度で見せる

当たり前ですが、ビジネスにアイコンタクトなんてありません。ちゃんと見せてあげないと、伝わるものも伝わらないんです。

ですから、心に秘めるなどとは考えず、できるだけ態度や行動で見せてあげてください。

より具体的に、よりビジブルに。

見せてあげることで、理解も深まり、「あ、こうすればよいのか」と確実性・再現性も増します。

行動や形で見せることは、文章で覚えさせるよりも何倍も吸収を早くしますし、忘れてしまうこともありません。

だからこそ、形にして見せてあげるのがよいのです。

「多くの場合、人はカタチにして見せてもらうまで、自分は何が欲しいのかわからないものだ」

これはかのスティーブ・ジョブズ氏の言葉ですが、人は形にして見せてもらわないとピンと来にくいんですね。

こうやってわかりやすく伝える中で、自然と、どこを切っても同じ、高いレベルの部下が育っていくのです。

鳥のひなは、生まれて最初に目にしたものを親だと思い込む、という習性があり、その親のやることを真似します。

部下やスタッフも同じ。

最初に見たものを信じるわけですから、積極的に態度で見せてあげることが、成長への早道なんですよ。

RULE 9 こだわりやゆずれない部分は、事前に宣言

ここでのポイントは、あらかじめ考え方を共有する、ということ。

旅でもそうですし、店のスタッフでもそうですが、旅が始まってから揉めたり、お客さんが来店してから揉めるのでは、遅いのです。

場合によっては、取り返しのつかないことになる場合だってあるでしょう。

だから事前に「うちはこうだよ！」「私はこういう主義だよ！」とハッキリ宣言しておく。

そのことによって事前合意ができていますから、乱れることはなくなります。

店とお客さんとの関係も同様です。

どんな店、企業にも、来て欲しくないお客さんというのはいますよね？

決してクレーマーだけではなく、どうも考え方が伝わらない、理解してくれない、と

いう人。考え方がズレちゃってる人、居ます。

お化粧品とか薬品でいえば、理解しないまま使ってくれていることで、結局、お肌のトラブルで騒ぎになる、みたいな……。


これ、回避するにはどうしたらよいでしょうか？

答えはひとつ！

最初からそうした合わない人が寄ってこないようにしておくんです。あらかじめ、それが伝わるように書いておく、示しておく、伝えておく。

それさえしておけば、仮にトラブルになっても、「ここにハッキリと書いてるじゃないか！」と強気にでることができます。

バッサリと断ることができるんです。

が、もしそれを示していなければ……。

仕方なく受け入れざるを得なくなります。

言ってなかったあなたが悪い！　となってしまう。

この、事前に明示しておく条件を、「踏み絵」といいます。

これがあるおかげで、合わない人の多くが近寄ってこないんです。

踏み絵は心の中に持っておくだけでは意味がありません。

必ず目に触れる場所に、大きく、堂々と表示しておきましょう。

実は小売業やサービス業のトラブルの多くは、この踏み絵だけで解決することが多いくらいなんです。

ぜひ試してみてください。

RULE 10
基本的に放し飼い

人は、押し付けられると小さくまとまってしまいます。

狭い、柵の中で育った牛と、広い牧場で存分に動きながら育った牛とでは、成長具合が異なります。

動かした方が、人は大きな育ち方をするんです。

自由に動くことは、できること、触れるものが増えるということ。
チャンスと体験が増える分、すべてが自分に返ってくるということです。
自分なりのやり方を見つけながら、自分の世界を構築していくのです。

つまりは自己責任です。
この自己の責任を実感・痛感することで人は成長します。

演劇の世界に、「小さい役はない。あるのは小さい役者だけ」という名言がありますが、確かに、小さい仕事なんてないんだし、小さな役割なんてないんです。

もし、あるとしたら、それは小さい想像力と小さい行動力。それでよしとしている自分が小さいんです。

どんな仕事でも、工夫と想像力によっていくらでも「小さくない仕事」に変えてい

くことができます。誰にでも可能性はあるんです。

責任のないところに成長はありません。

仮に我流であっても、「何がよくて何がよくないか」がわかっていると、修正も楽です。すぐに正しい形に戻ります。

RULE 11 ときには本気で怒る

本気と本気のぶつかり合いが減ってきているようです。少しキツイ言い方をするだけで、「パワハラだ！」「モラハラだ！」と面倒くさい時代です。

ですが、これは逆にみれば、本気と本気のぶつかり合いを知らない世代が増えているということ。

これは、商品やサービスを提供する側にとっては大きなマイナス、大きなデメリットです。

仮にミスがあって、お客さんが本気で怒っているときに、本気を知らなければ対応のしようがありません。つまり、心のぶつかり合いが生まれないのです。人はこうすれば怒る、こうされれば腹を立てる。そのメカニズムを知っているのといないのとでは雲泥の差です。

だから本気で怒っていいのです。

ですがこれはあくまでもカンフル剤としての怒りです。いつも使っていてはマヒしてしまうし、慣れちゃいます。

これは、**単に怒りに任せてのことではありません。部下やスタッフに見せるための怒りです。**リーダーの本気は周囲に伝わり、部下はビシッと背中が伸びる。そういうことです。

だから、ここぞというときだけ使ってください。

それともうひとつ！

リーダーもときには本気で怒るんだ！　という部分を見せることで、全体が締まる

し、やっていいこと、いけないことの基準が見えてきます。

そのバロメーターを部下につかんでもらうためにも、ときには本気で怒るべきなんですよ。

RULE 12 目標は大きく、外へ、上へ、先に発信する

チームには目標って大事です。

大事なんですが、掲げ方によっては大した効力を発揮しなくなります。

どうすべきか？　といえば……。

大きく！　外へ！　上へ！　先へ！　です。中途半端がいちばんよくないです。

いくら心の中でどんなに素晴らしい目標を唱えても、人に聞こえなければ、目に触れなければ……それは無いのと同じです。

優秀な哲学者がいたとして、頭の中で哲学しても意味はなくて、書いて発表するか、話して伝えるかしなければ、まったく意味がないのです。

だから外に向けて発信するのです。

目標も同じです。

外に向けて発信しなければ、無いのと同じ。死蔵です。


で、どうして大きい方がよいかといえば、動きが大きくなるからです。

大きな目標を手に入れようとすれば、どうしても大きく動かなくてはいけない。

200%の目標を立てておけば、仮に減速したとしても150%くらいには届く。

立派なものです。


花子店長が言う、『世界一、笑顔であふれるレストランにする』も、大きいとはいえ、メンバーがつかみやすい、実感を持ちやすいというメリットがあります。

大きく掲げることのメリットは他にもあります。

大きいと人目に留まりやすくて、見つけてもらいやすくなります。

だから応援者も増えやすいのです。


そしてさらにもうひとつ！

実はこれがいちばん重要かもしれないんですが、外に向けて発することは、発した通りの自分にならなくては恥ずかしいですよね？

言いっぱなしはダメ。

下手すれば詐欺です。

つまりは、**言ったこと、発信したことが自分に戻ってくるんです。**

このブーメラン効果がとても大きいです。

RULE 13

ミーティングは一対一

ミーティングをしても、リーダーであるあなたの考えが伝わらない、チームに浸透しない、と悩んでいませんか？

それは、ミーティングをチームで行っているからです。

「全員集まれ！」というスタイルのミーティング、これは問題です。

これからの新しいリーダーは、それではダメなんです。

対話が何よりも大事で、対話は一対一でしか成立しません。一対多数の対話は成り立たないんです。

もちろん、**一対多数では、参加者は、たくさんの中の一人、その他大勢の一人となり、自意識が芽生えません。**

一対一でミーティングをやるというのは、「あなたを大事にしているよ！」という証。

花子店長も同様です。**一対一の面談＝ミーティングを行うことで、個対個の関係を実感させます。**

やり方ひとつで、「あなたを大切に考えているよ！」という思いを伝えるんです。加えて、他のスタッフに聴かせたくない、見せたくないことも語りやすくなります。本音の相談事もできる環境です。つまり……深い話ができるんです。

部下を集めた全体ミーティングでは、公平にフラットに。ドライな印象があってもいいでしょう。

でも、一対一の面談ではフレンドリーに。「昨日はがんばってくれてありがとうね」「ほんと頼りにしている」などと、あなたも気持ちを伝えてください。

一対一と一対多数のミーティングは別物。メリハリがあるから、部下の心に届くんです。

RULE 14

愛称で距離を縮める

愛称、ニックネーム、略称は互いの距離を縮める効果があります。

中村隊長は、隊長という呼称で、誰が見てもリーダーである！　と周囲に伝えます。呼称自体が存在をアピールします。

花子店長も同様です。三浦さん、ではなく、店長と呼ばせることで、自らのポジションを瞬時にして伝えきります。

愛称で呼んであげるのも、リーダーとメンバー、メンバー同士の心的距離を近づけるのに最適な方法です。

それは、おそらくそれまで過去に呼ばれたことのない言い方で、特別感が生まれるからです。

他の人とは違う、特別な呼び方をされることで、「あ、ちゃんと見てくれている」

「ちゃんと認識してくれている」という自覚が生まれます。

普通に名前で呼ばれても、何の鮮度も感じませんし、ずっとそれでやってきている。でも、そこに愛称が加わると、この人は私を特別視してくれていると感じるわけです。

しかも、愛称でリーダーが呼んであげると、他のメンバーも愛称で呼びやすくなります。

加えて、愛称は、その相手の外面や内面的な特徴を表現する場合が多く、呼ばれる側も「自分ってそうなんだ！」「自分ってそうだよね」という自覚が生まれる。

この効果もあります。

RULE 15

情報は多いに越したことはない

元博報堂のクリエーター、小沢正光さんの言葉に、「人よりも情報を多く集めるために、人よりも多く仕事をする。人の2倍の案件を扱えば、単純に考えれば2倍のアイディアの素材を手に入れることができる」というのがあります。

※『プロフェッショナルアイディア。欲しいときに、欲しい企画を生み出す方法。』小沢正光・インプレス刊

彼はさらにこう続けます。

「私の経験からいえば、人の3倍の仕事をすれば、そのときに市場で必要とされる情報をほぼ網羅できる。そうなればアイディアに死角がなくなる」

これ、ものすごいというか、凄まじい発想です。

適性な判断は、適正な情報が無ければできません。情報が不足しているのに判断を下しては、失敗どころか部下にも信頼されないし、お客さんにも見捨てられます。

確かに情報は現場に落ちています。無限にあります。

が、その情報は、自ら取りに行かなければ手に入らないし、動かなければ「本当に欲しい情報」「本当に必要な情報」には出会えないかもしれません。

だからこそ、中村隊長も花子店長も、動きます。

動きすぎるくらい動きます。

そうして「有り余るほどの情報＝判断材料」を持っていないと不安で仕方ないのでしょうね。

あなたも動いてください。動く習慣をつけてください。

それ……周囲は必ず見ていますよ。

おわりに

中村伸一です。

三浦花子です。

最後に、２人の総意として、この本であなたに伝えたかったことを話してみたいと思います。

時代は大きく変化をしています。いろいろな「これまで」が変わり、「これから」になろうとしています。

もちろんリーダーに求められるものも大きく変わるでしょうし、チームという概念もまた大きく変わっていくのでしょう。

中村と三浦ももちろん違う部分もたくさんあるし、似た部分もたくさんあります。

ただひとつ、確実にいえるのは、本文でも書きましたが、「チームを率いるリーダーの像は変わらなければいけない！」ということです。

率いるタイプのリーダーはこれから厳しくなります。

率いるという概念そのものがなくなり、別の何か？　たとえば、一緒に歩く、とか、寄り添う、とか、そんな方向に向いているような気がするのです。

私たち2人は、たまたま2人とも、寄り添い、一緒に歩くタイプのリーダーです。

いえ、もはやリーダーという呼称すら当てはまらないのかもしれません。

旧来のリーダーは、とにかく引っぱるタイプが優先されました。

誰よりも前に出て、グイグイと牽引するタイプでしたし、そうでなくては成り立たない面も多くありました。

が、それには決定的な脆弱性があったんです。

それは……前に行こうとするから、後ろが見えない、ということ。

後ろを何度も何度も振り返りながら走るというのは危険すぎるし、スピードも遅くなります。

そして、付いてくるメンバーのことをじっくりと見る、観察する、そして見極めるという、おそらくチームの運用にいちばん重要な要素が欠け、ないがしろにされてきたのだと思います。

社会で起こる、ビジネスの場でのトラブルの多く、いえ、ほとんどは、この「後ろを見ない」という、決定的な弱点が引き起こしたものだといってもよいと思うんです。中村、三浦の2人は、業種・職能は違っても、そこにメスを入れる生き方、あり方を見つけてきました。

率先垂範型リーダーの最大の弱みを、「前を走るから」と喝破し、だからこそ、横や後ろ、そして少し距離を置いた場所から見つめる、という、「管制塔」のような役目を果たし、結果、素晴らしいチームをつくってきたと自負しています。

参加したメンバーに「感動」と「自己発見」を与え、どこに出ても恥ずかしくない一人の「個」として、胸を張って生きていけるように対処してきました。

引っぱる！　という力みを捨て、見守る、見つめると言う方角に舵を切った途端、そのチームは一気に鮮やかに、そしてスムーズに動き出すのです。

ハッキリ言いましょう！

「これからは、引っぱらない、見守るリーダーの時代だ！」と。


感じて察する＝感察力という言葉を本文で多く使いました。

この感察力が無ければこれからのリーダーは成立しないと思うんです。

繰り返しになりますが、前だけを向いて走っていても、個の適正には目が向きません。サン＝テグジュペリの言葉ではないですが、一緒に同じ方向を向いているからこそ、同じものが視界に入り、「あそこを目指そう！」と共有できる。

これが、引っぱらないリーダーのあり方です。


こう考えてみると、実はリーダーなんて誰でもなれるし、誰でもできることです。

ですが、実はその誰でもできそうなリーダーが、本当のリーダーとして機能するには、過去の因習を捨て、こだわりを手放し、常識を断ち切ることが不可欠です。

これができるかできないか？　そこが実は成功と失敗を分ける分水嶺なんです。

あなたにもできる！

ですが、あなたらしいリーダーになるには、ちょっとした気づきが必要かもしれません。そのヒントをまとめたのが本書です。

私たち2人は、これからもどこかの国、どこかの店でリーダーをやっていくでしょう。そんなとき、もし私たちを見かけたら、ぜひ声をかけてください。

一緒に、これからのリーダー像について、一対一のミーティングをやりましょう。

楽しみに待っています。

２０１９年４月

中村伸一
三浦花子

引《ひ》っぱらないリーダーが強《つよ》いチームをつくる

2019年6月4日　初版第1刷

著者　中村伸一《なかむらしんいち》、三浦花子《みうらはなこ》、中山《なかやま》マコト
発行者　坂本桂一
発行所　現代書林
〒162-0053　東京都新宿区原町3-61 桂ビル
TEL／代表　03(3205)8384
振替　00140-7-42905
http://www.gendaishorin.co.jp

カバーデザイン　西垂水 敦、市川さつき(krran)
カバーイラスト　香川尚子
本文デザイン　ごぼうデザイン事務所
本文写真　竹川 学、金子素直、ザビエル・カトー
Sarah・Namsrai、地球探険隊

印刷・製本　(株)シナノパブリッシングプレス
乱丁・落丁本はお取り替えいたします。

定価はカバーに
表示してあります。

ISBN978-4-7745-1783-4　C0063